青蓝工程
学科教案评析系列

全国优秀学科教案评析

QUANGUO YOUXIU XUEKE JIAOAN PINGXI

初中生物

CHUZHONG SHENGWU

教育部教育管理信息中心 组编

西南师范大学出版社
全国百佳图书出版单位 国家一级出版社

图书在版编目（CIP）数据

全国优秀学科教案评析．初中生物／教育部教育管理信息中心组编．—重庆：西南师范大学出版社，2016.8

ISBN 978-7-5621-8044-9

Ⅰ.①全… Ⅱ.①教… Ⅲ.①生物课—教案（教育）—初中 Ⅳ.①G633

中国版本图书馆 CIP 数据核字（2016）第 148832 号

青蓝工程系列丛书

编委会主任： 曹志祥　周安平

策　划： 森科文化

全国优秀学科教案评析·初中生物

教育部教育管理信息中心　组编

责任编辑： 鲁　艺　闫丽春

封面设计： 天之赋设计室

出版发行： 西南师范大学出版社

地址：重庆市北碚区天生路 1 号

邮编：400715　市场营销部电话：023—68868624

http：//www.xscbs.com

经　　销： 新华书店

印　　刷： 重庆共创印务有限公司

开　　本： 720mm×1030mm　1/16

印　　张： 13

字　　数： 215 千字

版　　次： 2016 年 8 月　第 1 版

印　　次： 2019 年 7 月　第 2 次

书　　号： ISBN 978-7-5621-8044-9

定　　价： 35.00 元

前　言

教育信息化是国家信息化的重要组成部分，具有基础性、战略性、全局性的地位。党的十八届三中全会提出了深化教育领域综合改革和加快推进教育信息化的明确要求。习近平总书记强调，“没有信息化，就没有现代化”。“以教育信息化带动教育现代化”是推进我国教育事业改革与发展的战略选择，也是教育信息化促进教育公平、提升教育质量的有效途径。国务院总理李克强也在政府工作报告中提出“制定‘互联网＋’行动计划”，再次掀起了互联网热潮，包括互联网教育在内的新业态正在形成。

为了在中小学教师中普及信息技术，提高广大教师在课堂教学中正确运用互联网、高效率利用优质网络教育资源的能力，教育部教育管理信息中心自2009年起组织开展了四届全国中小学“教学中的互联网应用”优秀教学案例评选活动。活动得到了各级教育行政部门、各地教育信息中心、电教馆的大力支持，学校积极组织，教师踊跃参与。在全国35个城市举办了47场培训活动，免费培训指导教师近2万人，总共收到全国30个省、市、自治区的36万余份教学案例，涵盖了小学、初中、高中各个学科，这些作品都经过了教师们的认真构思、设计、实践、反思，真实地反映了课堂教学现状和教师的专业水平。最终，评选出各年段、各学科的优秀作品。这些作品较好地体现了教师在教学中对互联网的应用，具有较高的参考价值和借鉴意义。活动结束后，很多中小学校和教师来电来函希望将大赛优秀作品集结成册进行出版，以方便中小学一线教师进行查阅、学习和交流。为此，我们本着精益求精的原则，在所有获奖作品中，分别遴选出小学、初中、高中各个学科的优秀作品，并邀请专家对这些作品逐一加以点评，汇集成册。

衷心希望这些优秀作品的出版能够促进信息技术与教学的深度融合，加强交流与分享，为教与学的变革和教师的专业化成长提供参考！

编者

2015年12月

目　　录

人体如何自我更新

——“人体内废物的排出”教案及评析

张海叶[①]

教学背景

教学课时：1 课时

教学准备：

1. 学生：预习新课。

2. 教师：利用互联网搜索视频和图片，制作多媒体课件。

教学目标

1. 能描述人体泌尿系统的组成和各部分的功能，能说出肾的结构和特点，能描述尿液形成和排出的大致过程。

2. 通过观察活动，发展观察能力和收集、处理资料的能力；通过资料分析，培养一定的信息分析和综合能力。

3. 激发自主学习的兴趣，培养实事求是的科学态度；养成良好的生活习惯，更加懂得珍爱生命。

教材分析

本节内容主要是探究人体内废物的排出，共分为“尿液的形成”“尿液的排出”两部分，尿液的形成是本节的中心内容。教材通过引导学生观察人体泌尿系统模型等，形象直观地介绍了泌尿系统的组成器官和各器官的主要

① 张海叶，江苏省镇江市外国语学校。

功能。随后以图片及文字呈现肾脏的相关知识，让学生理解肾脏是泌尿系统的主要器官。分析尿液的形成是本节课的重点内容，相比之下，关于肾小球的滤过作用学生容易理解，而关于肾小球的重吸收作用学生则不易接受。教材通过资料分析和图文观察，帮助学生理解尿液的形成。

教学重难点

1. 能说出肾脏的结构和尿液形成的过程。

2. 了解肾单位的结构、肾小球的滤过作用和肾小管的重吸收作用。

教学方法

本课采用自主学习法、小组合作学习法。

教学过程

一、导入新课

1. 情境导入

（播放视频《当代孝子捐肾救母——田世国》。）

教师出示《感动中国》颁奖词："谁言寸草心，报得三春晖？"这是一个被追问了千年的问题。一个孩子在 2004 年用身体做出了自己的回答，他把生命的一部分回馈给病危的母亲。在温暖的谎话里，母亲的生命也许依然脆弱，但是孝子的真诚已经坚如磐石。田世国，让天下所有的母亲收获慰藉。

2. 展示预习提纲

（1）了解人体排泄废物的三条途径。

（2）阅读教材上的图，了解人体泌尿系统由哪些部分组成。

（3）看懂教材上的图，理解肾单位的组成。

二、观察人体的泌尿系统

1. 人体的泌尿系统

（教师展示人体泌尿系统模型。）

出示任务清单 1：对照模型说一说每个结构的位置、名称及功能。

师：每个组长带领成员对照模型进行小组合作。

学生运用"组对一问答"合作技巧进行小组合作。

【成果交流】小组代表到讲台上对照模型指出其中每个结构的位置和名称。

（教师出示肾的外形图。）

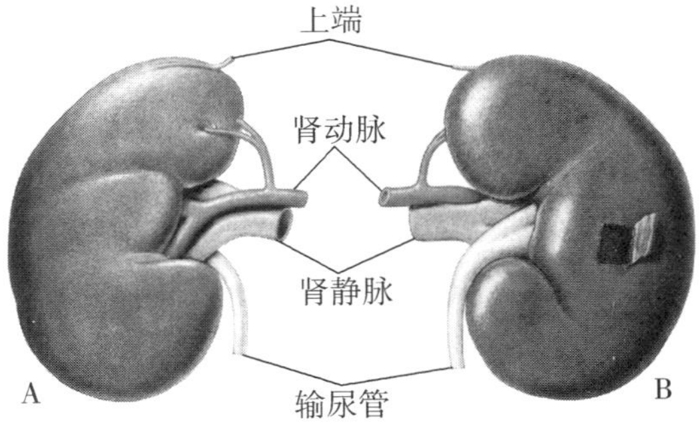

肾的外形

（教师出示肾脏的结构图。）

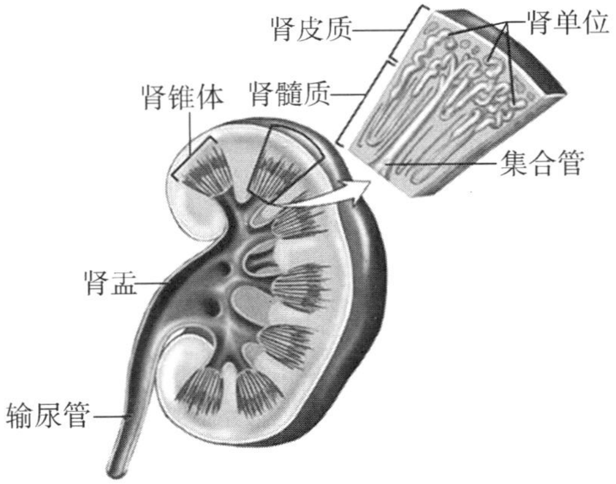

肾脏的结构

（教师播放视频《泌尿系统的组成》。）

2. 肾单位的结构

（1）教师指导学生阅读教材上的图和文字，并出示肾单位结构图。

出示任务清单 2：在白板上写出肾单位的结构组成。

学生运用“轮流写作”合作技巧进行小组合作。

（2）每小组的记录员把相应的结构名称记录在白板上。

【成果交流】针对白板上的信息进行交流，有错误的小组及时订正，教师表扬成果显著的小组。

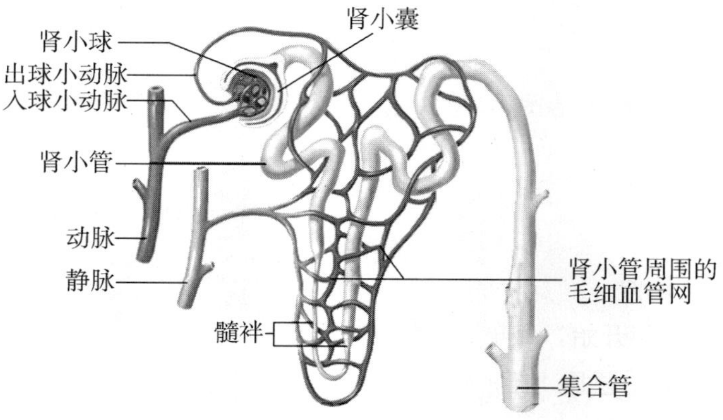

肾单位的结构

- 肾单位
  - 肾小体
    - 肾小球
    - 肾小囊
  - 肾小管

3. 尿液的形成

教师出示任务清单3：

（1）尿液的形成，主要经过______（结构）的______作用和______（结构）的______作用两个过程。

（2）血液流过肾小球时，除了血液中的______和______外，血浆中的其他物质都过滤到肾小囊内，形成______。

（3）当原尿流经______时，原尿中的有用物质，如______、______、______等被肾小管重吸收，进入______，送回到血液里。

（1）学生小组合作，阅读理解教材上的图。

运用“思考—组队—共享”合作技巧，合作完成学习任务。

（2）教师播放视频《尿液的形成过程》。

师生互动：小组反馈合作成果，对重要信息在教材上做出标记。

（3）医生在检验某病人的尿液时发现了较多的红细胞，如果是其肾有疾病，请分析可能是肾的哪个部位出现了病症？

（4）播放视频《蛋白尿是怎么回事》。

4. 尿液的排出

教师出示任务清单4，指导学生观看视频，自主解决问题。

（1）膀胱有什么功能？
（2）当尿液贮存到一定量时，由______________控制排到体外。
（3）尿液的排出：肾脏—（　　）—（　　）—（　　）—体外。

学生观看视频，自主思考，自主解决问题。

（教师点拨，播放视频《尿液的形成和排出》。）

三、拓展延伸

1. 从2006年开始，每年3月的第二个星期四是世界肾脏病日。2011年世界肾脏病日的主题是“保护肾脏，挽救心脏”。

（教师播放视频《2011年第六届世界肾脏病日主题会》。）

2. 播放视频《尿毒症是什么？》。

四、课堂小结

1. 学生快速浏览本节内容，并回忆教师讲述的内容，从整体上感知和把握所学知识。

2. 学生口头表述自己的收获。

（教师告诉学生，如果有不理解或不明白的地方，可以通过网络搜索相关内容。）

教学反思

在本节课的教学活动中，我注重对搜索引擎的运用和对搜索到的资料的认识和解读。在教学过程中，我结合学情，注重对小组合作学习的研究和实施。在重点和难点内容的突破上，主要以小组合作为主。我一共出示了四次任务清单，其中三次是合作学习清单（人体的泌尿系统、肾单位的结构、尿液的形成），一次是自主学习清单（尿液的排出）。在合作学习的过程中，我对合作学习的内容进行了深入研究，然后确定了相应的合作技巧，促使学生在合作学习过程中能够熟练使用合作技巧，有些抽象的内容借助图片、视频等多媒体形式来展示。在教学过程中，我深深感受到了互联网给我们带来的知识等宝贵财富。

（所获奖项：一等奖）

专家点评

这是一份颇具代表性的基于合作学习和自主学习的教案。教师通过充分运用互联网搜索技术，很好地体现了教学的灵活性和直观性，充分调动了学生的学习积极性，增强了师生间的互动和交流，为学生的合作学习和自主学习提供了非常便捷的学习平台。

在导入新课环节，教师巧妙地运用了2004年感动中国十大人物之一的“当代孝子捐肾救母——田世国”的故事引出本课的主题，同时在潜移默化中对学生进行孝道与仁慈的教育。在整个教学过程的设计中，教师根据学科特点、教学内容与学生实际，以“教师为主导，学生为主体”的教学理念为主，引导学生在合作学习、自主学习及探究学习中解决问题。特别是在合作学习中，运用“组对—问答”“轮流写作”及“思考—组队—共享”等技巧，将合作学习落到实处。教学过程安排有序，符合认知规律，教学步骤严谨，过渡自然，时间安排紧凑。在拓展延伸环节，教师紧密联系生活实际及社会热点中的“世界肾脏病日”，巧妙地将本次课的主题延伸至与人类息息相关的健康领域，从而引导学生养成良好的生活习惯及树立珍爱生命的价值观。

此教案遵循直观性原则、循序渐进原则、巩固性原则及理论联系实际原则等多种教学原则，不仅真正以学生为主体，以教师为主导，还将互联网搜索技术发挥得恰到好处，使之对教育教学起到了锦上添花的效果。

（点评人：北京师范大学教育学部　闻娟）

有趣的膝跳反射

——“神经调节的基本方式”教案及评析

罗树生①

教学背景

教学课时：1 课时

教学准备：

1. 学生：从互联网上收集有关神经系统的反射及反射弧的图片；准备新鲜杨梅（或其他带酸味的水果）；预习新课。

2. 教师：搜索“神经调节的基本方式”的相关教学资料（如教案、教案及评析、课件、教学反思等）作为参考，明确教学重难点，研究课堂教学的形式和方法；利用互联网搜索一些有关反射和反射弧的图片、视频及相关习题。

教学目标

1. 知道反射是人体神经调节的基本方式；通过膝跳反射的实验理解反射的概念；会描述反射弧的结构；能区分简单反射和复杂反射，了解复杂反射建立的过程。

2. 通过讲述、实验、探究、讨论等方式认识神经调节的基本方式。

3. 认同简单反射和复杂反射在人们日常生活中的存在形式，体验人体神经系统调节的基本方式——反射的全过程。

① 罗树生，江西省赣州市上犹县第二中学。

教材分析

本课是在学生理解了神经系统的组成和功能，并且认同了人体各部分的协调动作主要是靠神经系统的调节实现的基础之上进行教学的。有关神经系统的知识总体来讲非常复杂和抽象，由于学生的认知能力有限，因此，教材选取了神经调节的基本方式——反射，并通过学生亲身体验膝跳反射来概述反射的概念，再根据膝跳反射示意图认识完成反射活动的结构——反射弧，通过生活实例让学生了解并学会区分反射的类型，最后通过测定反射时间进一步激发了学生对探究学习的热情，同时让学生认同反射是神经调节的基本方式。这既将书本与生活实际紧密联系起来，又让学生了解和体验了有关神经调节的现象，容易引起学生的共鸣，并且符合学生的认知规律。

教学重难点

1. 知道反射是人体神经调节的基本方式。
2. 会描述反射弧的结构，能区分简单反射和复杂反射。

教学方法

在教学中，以引导和启发为主，通过体验、游戏、比较、阅读、讨论、分析、归纳及运用多媒体课件等多种手段，尽可能多地创设教学情境，为学生提供展示的平台，让所有学生主动参与到学习中来，使不同学生获得不同发展。同时，采用课外延伸的方法，给学生提供充分的个性发展的空间，使学生能够亲身体验和感受成功的喜悦。

教学过程

一、游戏导入

师：（课件展示游戏项目及规则）在学习新知识前，我们先来做两个游戏。第一个游戏——拍手。两个同学一组，左手背后，伸出右手。甲同学掌心朝下，乙同学掌心朝上（即两人掌心相对），相距一拳远。乙去拍打甲的手掌，甲的手掌及时躲闪，打中对方手掌者为胜。然后双方交换，打中次数多的为胜利方，2分钟计时开始。

（学生做游戏。）

师：下面我们再做第二个游戏——抓手指。仍然是两个同学一组，左手背后，伸出右手做活动。甲同学右手的掌心朝上，乙同学伸出右手的食指，指尖朝下，指向对方的掌心并离掌心一指远。准备好后，甲去抓乙的食指，乙躲避，抓住者为胜，然后，双方交换。抓住对方次数多的为胜利方。2分钟计时开始。

（学生做游戏。）

教师引导学生思考以下问题。

（1）刚才我们做的这两个游戏主要是在你们身体的哪个系统的参与和调节下完成的？

（2）人体的神经系统是由哪些结构组成的？

教师：神经系统是如何调节生命活动的呢？也就是说神经系统调节生命活动的基本方式是什么呢？今天，我们就一起来探讨一下这方面的问题。（演示课件，出示课题：神经调节的基本方式——反射）

二、目标确认

师：对于本节课，你们还想了解哪些内容呢？

生：什么是反射？

生：反射是怎么形成的？

生：反射对我们有什么意义？

生：反射一定是由大脑参与完成的吗？

……

三、活动导引

师：神经调节的基本方式是反射，那么什么是反射呢？这是我们这节课要探讨的主题。我先来告诉大家，其实，刚才我们做的两个游戏就是简单的反射活动，你能体会到什么是反射吗？下面，我们再来完成两个反射活动，我想请一位同学到前面来，谁愿意参加？

（找一位学生到前面，让他双手背后。教师站在这个学生的后面，拿出牙签示意给其他学生看，注意不要让前面的那位学生看到。然后教师轻轻地拿这根牙签去扎这位学生的手。）

师：请同学们思考，当我用牙签扎他的手的时候，他会有什么反应？

生：把手缩回来。

师：我们把这种现象叫作缩手反射。现在，我们来做同样的小实验，但这次不用牙签，而改用解剖针，谁愿意参加？（生惊愕，无人应答）

师：大家一听到解剖针都害怕了，不愿到前面来，这本身也是一种反射活动，现在，我们再一起来做一个膝跳反射活动。（师边演示课件——膝跳反射的方法，边讲解注意事项）

教师播放视频《膝跳反射》。

请学生两人一组进行膝跳反射实验，观察学生的反应。

四、讨论交流

师：刚才我们完成了五个反射活动：打手、抓手指、缩手反射、看到解剖针害怕、膝跳反射。现在，你们能分析出什么是反射吗？反射是如何实现的？请四人一组开始讨论，3 分钟后，各小组交流讨论结果。

（生交流讨论。）

五、成果展示

生：反射是人体通过神经系统，对外界或内部的各种刺激所产生的有规律的反应。反射是通过反射弧实现的，反射弧包括感受器、传入神经、神经中枢、传出神经、效应器。

师：哪位同学能上台来给大家讲讲反射和反射弧之间是什么关系？（出示反射弧的结构图）

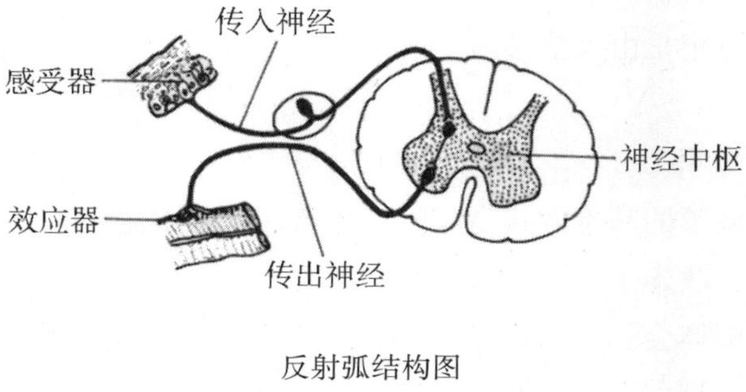

反射弧结构图

（教师播放 3D 动画视频《反射弧模式图》。）

师：同学们分析得非常好，看来反射的完成是离不开反射弧的，但是在生活中却出现了下面几种现象，你能解释一下吗？

（课件展示相关问题。）

(1) 婴幼儿为什么会经常出现尿床现象?

(2) 有人胸部脊髓出现损伤，为什么会导致大小便失禁?

(3) 刚才的缩手反射，为什么是先缩手后感觉疼痛?

六、归纳总结

1. 提出疑问

师：通过同学们的回答，我们可以总结出，反射弧是反射活动的结构基础，反射的完成必须依靠反射弧，如果反射弧的任何一个环节出现障碍，反射活动就无法正常进行。同时还要知道，有些反射受大脑控制，因此，在大脑的控制下，即使其反射弧完整，反射也不一定能继续进行。

师：那么反射又有哪些类型呢？它们之间是什么关系呢？今天老师请客，请一部分同学吃杨梅，其他同学则要看他们吃杨梅。吃梅和看梅时，同学们分别有什么反应?

生：吃梅时会分泌唾液，看梅时也会分泌唾液。

（教师出示《望梅止渴》的故事资料。）

望梅止渴

师：大家知道成语故事《望梅止渴》吗？想象一下，如果当年曹操的士兵没有吃过杨梅，能不能达到望梅止渴的目的呢？那么吃梅和看梅为什么都会分泌唾液？二者又有什么不同呢?

2. 小组讨论

师：（课件展示吃梅、看梅和谈梅时分泌唾液的区别）吃梅、看梅分泌唾液是对具体刺激做出的反应，是人和动物共有的；谈梅分泌唾液是对抽象的语言文字的刺激做出的反应，是人类特有的。

师：（课件展示两组反应）请同学们看一看下列两组反应是否都属于反射，如果是反射，它们之间有什么区别？

第 1 组	第 2 组
吃梅——分泌唾液	看梅、谈梅——分泌唾液
尿液刺激膀胱壁——排尿	森林中遇见老虎——逃跑
火烧手——缩手	看小说——流眼泪

3. 归纳小结

这两组反应都是人体通过神经系统对刺激做出的规律性反应，都属于反射。但第 1 组是先天的，第 2 组是后天形成的，后者必须有一定的基础，如看梅、谈梅分泌唾液的反射，必须在自己曾经吃过梅的基础上才能形成，所以第 2 组反射要比第 1 组反射高级。我们把第 1 组称为简单反射，第 2 组称为复杂反射，而与语言文字有关的条件反射则是人类特有的反射。

七、课堂训练

师：请同学们判断下列反射分别属于哪种反射？

（1）打喷嚏，咳嗽。（简单反射）

（2）小孩被爆竹炸伤之后，不敢再放爆竹。（复杂反射）

（3）狗听到主人的呼叫声，向主人奔去。（复杂反射）

（4）小偷听说警察来了，转身就跑。（复杂反射）

（5）汽车司机见到红灯后停车。（复杂反射）

（6）拉车的马听到赶车人喊声“驾”之后，会加快行走的速度。（复杂反射）

八、探究延伸

师：刚才有同学举了一个关于家中养宠物的例子。让自己心爱的宠物到规定的地方去吃东西、小便、取东西等都属于复杂反射，那么复杂反射又是如何建立的呢？

师：之前老师安排同学们在家饲养小动物，试着让自己心爱的小动物养成良好的习惯，下面请你来和大家分享一下你饲养小动物的成果吧。

结合实验报告分享饲养过程：为什么有的同学能训练成功，有的同学失败了，而有的同学成功后一段时间小动物又不听话了呢？

师：人的复杂反射的建立过程比动物要复杂得多。其实，在我们的学习和生活的过程中养成的很多习惯就是所建立的复杂反射。老师希望同学们在今后的学习和生活中多建立一些有益的复杂反射（即好习惯），以提高适应社会的能力，让我们的学习、生活更精彩，更高效，更健康。

九、归纳小结

学生归纳本课所学内容。

教学反思

1. 注重发挥学生的主体性，将复杂问题简单化

神经系统的组成以及神经调节的基本方式是教材中较难理解的部分，对于初中阶段的学生不要求也不必将此部分讲解得过于细致和复杂。本节课我注重发挥学生的主体性，采用体验式教学法，从生活中常见的反射现象入手，让学生深刻感受到神经调节下的生命活动，突出重点，简化难点，通过引导学生自主探究，使学生领悟反射的内涵，并对神经调节产生浓厚的兴趣。

2. 突出重点，简化难点

对于本课的重点内容之一——反射的概念，我选择“双重出击”，先让学生体验反射，对此产生兴趣并集中注意力，然后组织学生进行小组探究实验，通过点拨和比较让学生自主分析概括反射的定义。在这个过程中，一方面培养学生的科学探究能力，提升其观察和分析能力；另一方面通过引导和自主概括，领悟到描述概念的完整性和严谨性。本课的重点内容之二——反射弧的结构既是重点也是难点，对此，我采用图文分析和动画演示相结合的方式，首先利用课本资源让学生自主分析图文资料，让他们对反射弧有初步的认识后，结合动画演示简单反射的反射弧动态过程，既直观又简单易懂，同时提高了学生的学习兴趣，加深了学生对反射弧结构的认识。区分简单的反射和复杂的反射作为难点，由于抽象所以学生较难理解，这里通过图片展示让学生边思考边比较，经过引导和点拨来区分二者的不同之处。

3. 知识体系在精不在难，在简不在繁

一堂真正的好课不在于教师讲解了多少内容，而在于学生吸收了多少知识。以学生为主体，把精彩交给学生是值得提倡的教学模式，但这也大大提高了对教师的要求，因此要想提高课堂的效率，关键还在于教师的充分分析和准备。

（所获奖项：一等奖）

专家点评

该教案的最大特色是将一系列科学游戏巧妙地融入课堂中，展开以教师为主导、学生为主体的体验式教学，并以互联网搜索技术作为辅助教学手段，使原本抽象、复杂的学习内容变得生动具体，简单易学，且充满趣味性。

教师对教材分析透彻，设计新颖，针对学生特点和教学目标，设计了一系列教学活动，有条理地将学生的先备知识综合运用到本课中。在教学准备环节，教师通过引导学生利用互联网查找与本课相关的信息，提高了学生的互联网搜索技能。在游戏导入环节，教师采用了生活中常见的反射活动——学生经常玩的拍手和抓手指游戏，不但充分调动了学生的积极性，还发挥了学生的主体作用，让学生深刻感受到神经系统调节下生命活动的神奇之处，在游戏结束后，教师非常注重培养学生归纳总结的能力。

此教案遵循直观性原则、循序渐进原则、巩固性原则及理论联系实际原则等多种教学原则，整个教学过程安排有序，教学步骤严谨，符合学生的认知规律。

教师根据学科特点、教学内容与学生实际，循序渐进地引导学生以小组合作的形式体验一系列的科学游戏，从而解决与反射有关的科学问题，并提升学生的科学探究能力。

（点评人：北京师范大学教育学部　闻娟）

了解我们的心

——“输送血液的泵——心脏”教案及评析

于　青[①]

教学背景

教学课时：1 课时

教学准备：

1. 学生：预习新课。

2. 教师：准备心脏解剖模型（4 个）、猪或羊的新鲜心脏（1 个）；制作多媒体课件。

教学目标

1. 进一步了解心脏的位置和形态，掌握心脏的结构和功能。

2. 通过对心脏形态和结构的观察、思考、分析，培养观察能力及分析和推理能力；能应用所学的有关心脏的知识，简单解释一些心脏疾病的原理，并注意日常生活中的心脏保健。

3. 通过对心脏的结构和功能的学习，进一步树立生物体的结构与功能相适应的生物学观点。

教材分析

人从生物圈中摄取的多种营养物质要通过循环系统输送到全身各处，人体内产生的废物也要通过循环系统、呼吸系统、泌尿系统等的协调作用排出

① 于青，吉林省临江市教师进修学校。

体外，而心脏又是循环系统的重要组成器官，是进行血液循环的动力器官。因此，心脏这一部分内容是学好整章的关键。

教学重难点

1. 掌握心脏的结构和功能。
2. 了解心脏瓣膜的开闭方向与血液流向的关系。

教学方法

讲授法、谈话法、体验法。

教学过程

一、导入新课

出示课件，介绍英国医生威廉·哈维的科学研究，使学生认识到血液在体内是循环流动的，而且血液循环的动力在于心脏的机械作用。同时，通过设疑“心脏为什么能推动血液在全身流动呢?”引入新课。

（出示威廉·哈维的图片。）

威廉·哈维

（播放视频《血液循环》。）

二、新课学习

活动一：引导学生在自己的身体中找到心脏的位置，并在教师的指导下学习测定心率。了解成年人心率的平均值为75次/分，正常变动范围是60～100次/分。

活动二：第一步，引导学生观察猪或羊的新鲜心脏，认识心脏的外形，了解心脏是由心肌组成的。

第二步，利用多媒体课件，让学生观察已经解剖好的心脏的内部结构，并在观察过程中思考以下问题。

（1）心脏的四个腔之间的关系是怎样的？

（2）从心脏壁的厚薄来看，心房与心室有什么不同？左心室与右心室又有什么不同？为什么？

（3）与心脏四个腔相通的血管的名称是什么？

（4）心房与心室之间、心室与相连的动脉之间有什么特殊结构？这些结构有什么作用？

（教师出示心脏解剖图。）

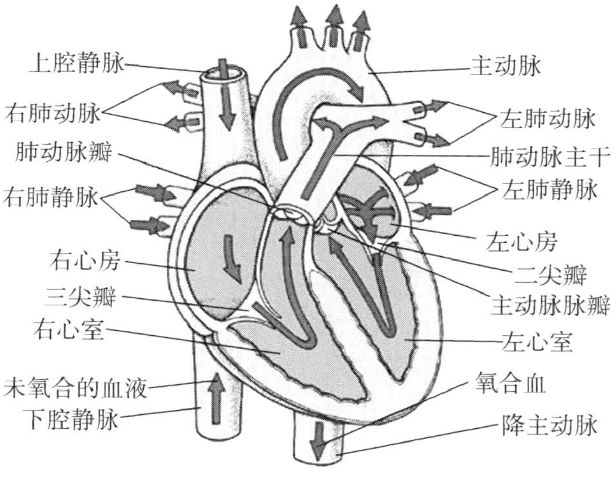

心脏解剖图

第三步，利用课件分析并讲授上述问题。

巩固练习：学生分组利用心脏解剖模型进行拼装，进一步熟悉心脏结构。

活动三：组织学生观察教材中的心脏工作示意图，了解心脏的工作原理。同时设疑：在人的一生中，心脏从不休息，为什么不累？从而引出“心脏的休息和工作”这一内容，并简单介绍心动周期。

活动四：引导学生总结体育锻炼对心脏的影响，以及日常生活中应如何进行心脏的保健。

三、巩固反馈

1. 心脏的____________组织发达，因而能够有节律地____________。

2. 观察猪或羊的新鲜心脏时，用手捏其心房壁和心室壁，发现____壁比____壁薄；观察在心房与心室之间，心室与相连的动脉之间有____，可以保证血液在心脏里按一定方向流动。

3. 与左心室相通的血管是____，与右心室相通的血管是____。与左心房相通的血管是____，与右心房相通的血管是____和____。

4. 正常人的心率变动范围是什么？体育锻炼对心脏有哪些益处？

四、课堂小结

引导学生自己小结本课学习内容。

五、课外作业

了解冠心病的成因及其预防方法。

教学反思

本节课，作为一个引导者，我积极创设情境，引导学生从自身体验出发进行学习，努力发挥学生的主观能动性。生物学作为一门实验科学，观察和实验是学习的基础，我在教学中利用实物、图片、视频等教辅手段，使教学内容更加生动、直观，有利于学生对抽象知识的理解，较好地实现了对教学重难点内容的理解和掌握。在教材处理时，我增加了心率、心动周期、体育锻炼对心脏的影响等拓展性知识，拓宽了学生的视野，进一步激发了学生的学习兴趣。

（所获奖项：一等奖）

专家点评

该教案主要运用启发式教学法，同时采用教师为主导、学生为主体的参与式观察教学策略，并穿插互联网搜索技术作为教学辅助手段，使原本抽象、复杂的学习内容变得生动具体、简单易学。

教师对教材内容分析透彻，处理新颖，并针对学生的特点和教学目标设计了各种教学活动。活动一与学生自身健康紧密相关，通过体验自己的心脏位置及心率，让学生了解到可以通过简单的心脏触摸及测试获知心脏的健康状况。活动二与真实的情境密切相关，通过仔细观察猪或羊的新鲜心脏及其结构，并结合互联网搜索技术和拼装心脏模型，让学生深度体验心脏的具体结构及其特殊性。活动三结合教材，引导学生理解心脏的工作过程及其原理。同时设疑：在人的一生中，心脏从不休息，为什么不累？并引导学生进行科学探究，以培养学生科学探究和归纳总结的能力。活动四通过引导学生讨论并总结体育锻炼对心脏的影响以及日常生活中如何进行心脏的保健，使学生深刻理解保持健康生活方式的重要性。巩固反馈环节紧扣教学内容，突出重难点，符合学生的年龄特点和心理特征。课堂教学内容容量适度，突出重点，抓住关键，突破难点。课堂提问有针对性，有利于培养学生的科学探究能力。课外作业减轻了学生过重的课业负担，紧密联系生活，从而进一步激发了学生的学习兴趣。

教师根据学科特点、教学内容与学生实际，循序渐进地启发学生以参与观察的形式体验一系列的科学活动，从而提高了学生的科学探究能力，提升了学生对健康生活方式的重要性的认识。

（点评人：北京师范大学教育学部　闻娟）

热爱生物，热爱祖国

——“保护生物的多样性”教案及评析

鲍雪清[①]

教学背景

教学课时：1 课时

教学准备：

1. 学生：利用互联网搜索我国特有的珍稀动植物的图片和文字说明，每人做一份《保护生物多样性》的手抄报。

2. 教师：利用互联网搜索相关音频、视频等资料；制作多媒体课件。

教学目标

1. 能举例说明生物多样性面临的威胁及其原因。
2. 通过资料分析，培养交流合作的能力。
3. 关注我国特有的珍稀动植物，增强热爱动植物、热爱祖国的情感。

教材分析

“保护生物的多样性”在本单元和本册中占有极其重要的地位，其原因有两个。第一，多样性的生物是珍贵的自然遗产，是人类生存和发展的基本条件之一。但是，由于人类活动的干扰，生物多样性面临着严重的威胁，要保持人类和社会的可持续发展，就必须保护生物的多样性。因此，保护生物多样性成为当今社会热点问题之一。第二，本章具有承上启下的作用，它是

① 鲍雪清，广东省佛山市顺德伦教周君令中学。

在前面认识生物多样性的基础上去讨论如何保护生物多样性，这是认识和行动的必然结果，是本单元最终的归宿。而生物多样性是如何形成的呢？这将在之后的学习中继续讲述。

教学重难点

1. 了解生物多样性面临的威胁。
2. 会分析生物多样性面临威胁的原因。

教学方法

“面向全体初中学生，提高生物科学素养，倡导探究性学习”既是课程和教材改革的理念，也是指导教学实施的基本理念。本节课结合教材内容及学生实际，采用的主要教学方法是“引导探究法”，引导学生利用互联网搜索资料，并通过小组合作分析资料，借用多媒体辅助教学。其实这种教学方法也教给学生一种学习方法，使他们学会自己去收集信息，分析资料，解决问题。

教学过程

一、故事引入，创设情境，激发情感

播放音乐视频《梦江南》，在优美的旋律和美丽的画面中把学生带进童话故事《天堂与地狱》里。

师：故事是这样的：昭昭来到山区老家度暑假，被家乡的美丽山水迷住了，不知不觉躺在竹椅上进入了梦乡……梦中，长者说：“你先去的是天堂，后到的是地狱。天堂大门的钥匙和地狱大门的钥匙都捏在人类自己手中啊！”

师：怎样才能防止天堂变成地狱呢？

生：要保护环境，保护生物的多样性。

师：为什么要保护生物多样性？

（学生自主阅读教材相关内容。）

【设计意图】让学生意识到，如果不保护环境，不保护生物多样性，这个童话将有可能变为现实，从而，激发学生保护环境、保护生物多样性的紧迫感和责任感，为下面的学习奠定情感基础。

二、分析图表，了解现状，培养情感

师：目前，生物多样性正面临严重的威胁，请看我国生物多样性的现状。

1. 活动一：学生观看在教室后面贴出的课前准备好的《保护生物多样性》手抄报。

（1）说一说自己在课前收集图片的过程以及遇到的困难。

（2）说一说看了图片后自己有什么感受或体会。

（学生各抒己见。）

2. 活动二：学生详细介绍大熊猫、白鳍豚、藏羚羊、金花茶、桫椤等珍稀动植物。

（课件出示：大熊猫。）

大熊猫

大熊猫是世界上最珍贵的动物品种之一，数量十分稀少，属于国家一级保护动物，被称为“国宝”。它不但被世界野生动物协会选为会标，而且常常担负“和平大使”的任务，带着中国人民的希望，远渡重洋，到国外攀亲结友，深受各国人民的欢迎。

（课件出示：白鳍豚。）

白鳍豚

白鳍豚为国家一级保护动物，已存在2500万年，喜欢群居，视听器官严重退化，声纳系统特别灵敏，能在水中探测和识别物体。白鳍豚是恒温动物，用肺呼吸，被誉为“水中的大熊猫”，现已濒临灭绝。

（课件出示：藏羚羊。）

藏羚羊

藏羚羊仅存在于我国的青藏高原，是国家一级保护动物。其羊绒轻软纤细，弹性好，保暖性强，被称为“羊绒之王”，又因昂贵的身价而被称为“软黄金”。

（播放视频《藏羚羊的诉说》。）

（课件出示：金花茶。）

金花茶

金花茶是一种古老的植物，极为罕见，数量极少，是世界上稀有的珍贵植物。与银杉、桫椤、珙桐等珍贵“植物活化石”齐名，国外称之为“神奇的东方魔茶”，被誉为“植物界大熊猫”“茶族皇后”。

（课件出示：桫椤。）

桫椤是现存唯一的木本蕨类植物，极其珍贵，堪称国宝，被众多国家列为一级保护的濒危植物。可制作成工艺品和中药，还是一种很好的庭园观赏树木。

桫椤

师：除了同学们收集到的以及书本中提到的我国特有珍稀动植物外，还有很多很多动植物，其珍贵性在世界上位居前列。这些动植物数量非常稀少，如果不严加保护，将会从我们的身边消失，这绝不是危言耸听。

【设计意图】通过互联网搜索使学生更多地了解我国特有的珍稀动植物，并让其体验付出后有所获得的成功感。同时，通过了解更多濒临灭绝的珍稀动植物，进一步加强学生热爱生物、热爱祖国的情感，让学生深感我国珍稀动植物的现状不容乐观。此处详细介绍藏羚羊的相关知识，为后面分析其消失的原因打好基础。

3. 活动三：师生分析两幅图表

（教师出示“世界灭绝动物墓地”的图片。）

北京南海子麋鹿苑内的“世界灭绝动物墓地”

师：这是世界上第一座灭绝动物墓地，建在我国北京的南海子麋鹿苑，墓地中共有 176 块墓碑，145 块已经倒下，每一块倒下的墓碑代表一种已经灭绝的动物。第 146 块墓碑半倒半立，上面写着“白鳍豚”，就是说，白鳍豚已经是“活着的死物种”。还有 30 块立着的墓碑，那是即将灭绝的动物。

倒数第三块上刻着“人类”，人类之后是鼠和昆虫。就是说，人类灭绝后，地球的主宰将是老鼠和昆虫。

师：从哪一年开始，鸟类和哺乳类动物开始大量灭绝？从书中的表中得出什么规律？

生：从 1850 至 1899 年，鸟类和哺乳类动物大量灭绝。年代离我们越近，动物灭绝的数量越多。

师：按照这样的速度发展下去，哺乳类动物将在 1 万到 2 万年的时间内全部消失，其最终受害者是人类自己，所以，保护生物多样性是我们每个人义不容辞的责任。

过渡：那么是什么原因造成这些动植物面临威胁的呢？

三、资料分析，归纳原因，升华情感

1. 资料分析

学生阅读课本上的 4 则资料，然后围绕讨论题进行分组讨论，并完成讨论结果统计表（如下）。

资料	讨论题	答案	涉及人类哪些行为
1	森林的大面积减少对生物多样性有哪些影响？		
2	什么原因造成藏羚羊濒临灭绝？你身边是否有类似的现象发生？		
3	生活污水排入水体，为什么导致水生动物种类减少？		
4	水葫芦的疯长为什么会影响其他水生生物的生存？你生活的地方是否有类似的事情发生？		

讨论完成后，每组抽出一位同学上台发言，交流结果。全班对发言的同学做出评价，其评价成绩将作为全组组员的成绩。

2. 学生发言后，教师进行适当的讲解，并与学生一起归纳出生物多样性面临威胁的原因，同时，补充以下材料，便于学生理解。

（1）投影漫画“开发区演变图”（下图，见下页）。

师：这幅漫画说明了什么问题？

开发区演变图

生：说明乱砍滥伐使许多动物没有了栖息地。

（2）2009 年 1 月 3 日，一阵阵零星的枪声划破了哈尔腾草原的宁静。阿克塞县林业局的巡防人员发现，有陌生车辆非法潜入并有捕杀野生动物的嫌疑，便立即通过电话向阿克塞县林业局报告，次日下午 4 时许，阿克塞县公安局与森林公安民警一起赶赴出入哈尔腾草原的各个要道盘查。经过 4 个多小时的围追堵截，于当晚 9 时截获一辆越野车，控制了 4 名嫌疑人，并发现了被肢解的野牦牛和大量刀、斧、半自动步枪、子弹等作案工具。随后，警方经过 5 天 5 夜的侦查，破获了这起特大非法猎捕、杀害珍稀濒危野生动物的案件。

【设计意图】让学生知道残杀动物的行为在现实中时有发生。

3. 投影顺口溜“50 年代淘米洗菜，60 年代洗衣灌溉，70 年代水质变坏，80 年代鱼虾绝代，90 年代身心受害”。

师：这首顺口溜说明了什么问题？

生：说明环境污染非常严重，长此以往，最终受害的还是人类自己。

4. 播放视频《外来物种入侵调查：盲目引进存风险“大米草”治理难》，引导学生了解外来物种入侵也会对生物多样性造成严重的威胁。

综上所述：生物多样性面临威胁的原因有乱砍滥伐、滥捕乱杀、环境污染和外来物种入侵四个方面。

【设计意图】采用讨论顺口溜和观看视频等形式，大大提高了学生学习的主动性，很好地培养了学生交流与合作的团体精神，达到了本节课的教学目标。

四、归纳总结，体验成果，保持情感

学生回顾本节课的收获，体验成功。教师利用多媒体把知识体系投影出来，使知识更系统、完善。

五、布置作业，拓展延伸

在保护我国生物多样性方面，作为一名公民你应当怎样做？

【设计意图】这道题既是对本节课的拓展延伸，又为下节课了解保护生物多样性的措施及参与到保护生物多样性的宣传和行动中做好准备。

教学反思

教育家波斯纳提出了教师成长的公式：经验＋反思＝成长。叶澜教授说过，一个教师写一辈子教案不一定成为名师，如果一个教师写三年教学反思，就可能成为名师。可见，有效的教学反思对教师的专业成长起着重要的作用。作为教师，应该每上完一节课就要对自己的教学进行反思，积累经验，不断成长。我认为本节课的教案设计体现了以下几点。

1. 主题明确，突出了互联网在生物学科教学中的应用。例如，利用互联网搜索珍稀动植物的图片和文字资料，动植物面临威胁的新闻、歌曲和视频，比如，《藏羚羊的诉说》《外来物种入侵调查：盲目引进存风险“大米草”治理难》等。这不仅提高了学生学习生物的兴趣，而且增加了课堂的容量，拓展了学生的知识面。

2. 充分体现了以“学生为主体，教师为主导”的倡导探究性学习的教学理念。从设计中可以看出，学生的参与度比较高，如学生动手做手抄报、上网查找并分析有关的图片资料、小组讨论发表意见并进行评价等。

3. 注重对学生情感态度和价值观的培养，教学活动始终围绕增强学生热爱生物、热爱祖国的情感来展开。

（所获奖项：二等奖）

专家点评

本教案在对教材做了非常细致到位的分析后，充分运用互联网搜索技术，突出了教学的生动性和直观性，充分调动了学生的学习积极性，有益于学生理解保护生物的重要性，培养了学生热爱动植物和保护环境的情感，提升了学生保护生物多样性的紧迫感和责任感。

在导入新课环节，教师巧妙地运用了《梦江南》作为背景音乐，将学生带入《天堂与地狱》的故事中，从而引出本课的主题。在教学过程的活动二中，根据学科特点与教学内容，教师通过要求学生结合互联网了解珍稀动植物，让学生意识到我国珍稀动植物的生存现状不容乐观，并为后面分析原因打下了良好的基础。在活动三中，教师巧妙地运用图片，向学生展现了我国北京的南海子麋鹿苑的“世界灭绝动物墓地”，通过具体鲜活的墓碑的数字让学生进一步了解到保护生物多样性的重要。此外，教学反思深刻全面，对整个教案起到了锦上添花的作用

此教案遵循直观性原则、循序渐进原则及理论联系实际原则等多种教学原则，不仅对教学内容进行了精心的设计，还在多个教学环节中巧妙运用了互联网搜索技术，使学生较深刻地理解了生物多样性面临的威胁及其原因。

（点评人：北京师范大学教育学部　闻娟）

给生物一个美好的家园

——“环境影响生物的生存”教案及评析

张　芹[1]

教学背景

教学课时：1课时

教学准备：

1. 学生：预习教材内容，收集日常生活中发生在身边的相关事例。
2. 教师：在网上搜索相关教学材料；制作多媒体课件。

教学目标

1. 通过观看视频，感知环境会影响生物的生存的道理，激发学习兴趣。
2. 能举例说出影响生物生存的环境因素，说明生物之间的制约和联系。
3. 通过互联网收集资料，培养上网收集资料的能力。
4. 通过观察图片培养分析能力。
5. 感受生物的生存依赖于环境，意识到保护环境的重要性。

教材分析

本课结合图片、资料，引导学生分析“非生物因素对生物生存的影响”和“生物因素对生物生存的影响”，认识环境对生物生存的影响，理解生物的生存依赖于环境。

① 张芹，江苏省镇江新区大港中学。

教学重难点

1. 能举例说出环境因素——非生物因素和生物因素对生物生存的影响。

2. 能举例说明生物之间的制约和联系。

3. 真切感知生物的生存依赖于环境，树立“保护环境从我做起、从身边做起”的环保意识。

教学方法

谈话法、讲授法、直观演示法、讨论法、观察法、自主学习法、练习法。

教学过程

一、导入新课

（教师播放视频《云南旱情持续饮水困难》和《极寒天气影响欧亚民生》。）

师：这两段视频说明什么问题?

生：环境影响生物的生存。

让学生举出发生在身边的一些环境影响生物生存的例子。

（教师播放视频《镇江水污染事件》。）

观看完视频，请学生说说这件事给人们的生活造成了什么影响，点评并分析之前学生举的例子中哪些属于非生物因素对生物生存的影响，哪些属于生物因素对生物生存的影响。

二、教学新课

（一）分析非生物因素对生物生存的影响

1. 教师出示图片资料，指导学生分析影响生物生存的非生物因素。

题目：（1）选择你感兴趣的图片，解释一下是什么非生物因素影响了该生物的生存。

（2）举例说明自然界的生物主要受哪些非生物因素的影响。

（学生观察图片资料，对图片进行分析，讨论交流，回答问题。）

师：自然界生物的生存主要受阳光、空气、水、土壤、温度等非生物因素的影响。

树木

沙漠

荷花

大燕

2. 学生自主学习。

3. 教师指导学生阅读教材中的资料，请学生根据所学的知识说明菊花提前盛开的原因及引起极地狐和大耳狐耳朵形状不同的原因。

学生交流讨论，回答。

4. 教师出示有关菊花提前盛开的原因以及极地狐和大耳狐耳朵不同的原因的资料。

（二）分析生物因素对生物生存的影响

1. 教师引导学生分析阅读教材中的资料，说出影响丸花蜂生存的生物因素。

学生阅读，说出影响丸花蜂生存的生物因素有找蜜鸟和挖蜜獾。

2. 教师点评小结，出示生物间的相互关系图片，请学生分析资料。

生：蝴蝶与有花植物是相互帮助的关系；菟丝子寄生在大豆的茎上；蚂蚁和蚂蚁之间是相互帮助的关系；狮子和斑马是捕食关系。

师：自然界中的每一种生物，都受到周围很多生物因素的影响，在这些生物中，既有同种的，也有不同种的，因此，生物之间的关系可以分为两种：种内关系和种间关系。

将学生分为 8 组，让学生在互联网上搜索种内关系和种间关系的分类和例子，并记录下来。

蝴蝶与花

菟丝子与大豆茎

两只蚂蚁

狮子与斑马

3. 搜索结果展示。

（1）种内关系——生物在种内关系上，既有种内互助，也有种内斗争。

（教师播放视频《种内互助》。）

（2）种间关系——种间关系是指不同种生物之间的关系，包括寄生、竞争、捕食等。

（教师播放视频《杨梅里的寄生虫》《红火蚁与阿根廷蚁竞争食物》《凶残的鳄鱼捕食过程》。）

4. 教师总结本节课内容。

三、课堂练习

1. 宋代诗人苏轼在《惠崇春江晚景》中写道：“竹外桃花三两枝，春江水暖鸭先知。”这两句诗中描写影响鸭生活的非生物因素是（　　）。

A. 光　　B. 温度

C. 水　　D. 空气

2. “螳螂捕蝉，黄雀在后”描述了生物之间的（　　）关系。

A. 捕食　　B. 合作

C. 竞争　　D. 寄生

3. 池塘里有一只可爱的小青蛙，它的成长受到许多因素的影响。请你说出影响它生长的非生物因素和生物因素有哪些。

四、课堂延伸

1. 师：学了本节课后，你有什么收获和启发？

2. 教师引导学生观看视频《地球，你好吗》，让学生在课后试着写一份以“我为环保做贡献”为主题的倡议书。

教学反思

好教师教人学会学习。课前，让学生查阅、收集资料；课上，在民主、和谐的氛围中开展师生互动、生生互动、探究学习、合作学习，充分利用互联网的优势让学生观看许多例子，既丰富了学生的知识，又拓展了学生的视野。在教学中，重视培养和提高学生独立获取知识的能力，使学生形成尊重客观事实、敢于怀疑、坚持真理和勇于反思等科学素养。在教学过程中为学生播放与课题相关的视频，使学生产生解决问题的主动性和积极性。充分引导学生求异质疑、创设发现问题和运用知识解决问题的情境，引导学生发现问题、提出问题，并通过自己动手去寻找解决问题的方法。这样，既充分发挥了教师的指导作用，又有效地促进了学生积极参与教学活动，去主动学习、自主构建知识结构。

（所获奖项：二等奖）

专家点评

本教案中多处运用了互联网搜索技术，很好地体现了教学的生动性和直观性，激发了学生的学习兴趣，让学生充分理解环境对生物生存的影响，培养了学生保护环境的情感，提高了学生利用互联网搜索信息的能力。

在导入新课环节，教师巧妙地借助视频《云南旱情持续饮水困难》及《极寒天气影响欧亚民生》，让学生直观地认识到恶劣环境对人类生活的影响，从而引出本课的主题。在教学新课环节，教师首先根据学科特点与教学内容，通过出示网络上与生物相关的图片，要求学生分析哪些非生物因素影响了该生物的生存，充分体现了以教师为主导、学生为主体的教学策略，培养了学生分析问题及归纳总结的能力。然后，教师让学生思考讨论及分享引起菊花提前盛开及极地狐和大耳狐耳朵不同的自然现象的原因，并巧妙地借助互联网为学生总结原因，从而使学生很好地理解了非生物因素对生物生存的影响。在讲解生物关系的环节中，教师很好地运用了网络上搜索的视频，向学生生动直观地展示了各种生物的关系。

此教案不仅运用了谈话法、讲授法、观察法及演示法等多种教学方法，还在教学环节充分运用了互联网搜索技术，使整个教学过程紧扣教学内容，突出了重难点，符合学生的年龄特点和心理特征，培养了学生科学探究的能力，让学生充分认识到环境对生物生存的重要性。

（点评人：北京师范大学教育学部　闻娟）

美丽的昆虫

——“昆虫”教案及评析

李占军[①]

教学背景

教学课时：1 课时

教学准备：

1. 学生：准备活蝗虫（或蝗虫标本、模型），放大镜，镊子，小蜡盘。

2. 教师：利用互联网查询昆虫的图片；搜索并下载教学视频；制作多媒体课件。

教学目标

1. 能列举常见的几种昆虫，并说出它们的形态特征和生活特征。

2. 能概述昆虫的主要特征。

3. 能与同学合作完成对蝗虫的观察。

4. 能在昆虫图片资料的查询交流过程中，发展收集与处理信息的能力，提升语言表达能力。

5. 能关注与生物学有关的社会问题（如蝗灾），初步形成主动参与社会决策的意识。

教材分析

本章内容的处理思路是按照生物圈的环境特点，从“陆地生活的动物”

① 李占军，宁夏回族自治区石嘴山市惠农区尾闸中学。

“水中生活的动物”和“空中飞行的动物”来探究各类动物与各自环境相适应的特点，为学生的主动探究提供了时间和空间。这节课是对前面知识的补充，进一步阐明了动物与其生活环境相适应的特点，并且在本章的最后，所以又是对本章知识的总结，所以这是一节具有承上启下作用的课。

本单元主要从陆地、水中和空中三大环境来探讨动物类群与各自环境相适应的特征，以及保护动物栖息地的重要性。教材在最后介绍了昆虫与人类的关系，目的是让学生对生物和人类的关系有正确的认识，进一步理解人与自然和谐发展的意义。本节是本单元最后一课，主要讲述可以在空中飞行的无脊椎动物——昆虫。这样由易到难的教学安排，符合学生的认知特点。节肢动物是无脊椎动物的高等类群，昆虫又是本类中最多的种类，与人类关系极为密切，因此，《昆虫》一节在教材中占有重要的位置，蝗虫的形态结构既体现昆虫类的特征，又体现节肢动物的特征，因此《昆虫》一节既是本章的重点，又是学好其他节肢动物的基础。本节知识较为零散，但是许多知识都为日后的学习做了铺垫。

教学重难点

1. 了解昆虫的特征，掌握昆虫的概念。
2. 了解节肢动物的特征。

教学方法

1. 多媒体投影与指导阅读法。在教学中给学生指明了学习目标，让学生带着问题，在教材中迅速寻找答案，寻找重点和疑难点。这样，既节省了时间，又培养了学生的阅读能力和自学能力。

2. 观察思维法。即观察现象，探究本质。在教学中，指导学生对标本、模型和挂图等进行仔细观察，并启发他们思考一些问题。观察，使学生看到了什么；思维，使学生明白为什么是这样。通过观察和思维，提高了学生的观察能力和思维能力。

3. 实验探究、讨论、谈话等有机结合的教法。这样的教法加强了直观性，有利于激发学生的学习兴趣，激发学习动因。学生在学习中，眼、耳、口、手、脑并用，可培养学生的阅读、观察、操作、分析等能力，有利于提高学生的素质，让学生在轻松愉快的氛围中去主动探究知识。在教学过程中，开展师生互动、生生互动的活动，体现出以学生为主体，教师为主导的主动探究的教学理念。

4. 归纳总结法。在教学中，注重引导学生对所学知识进行归纳、从而培养学生综合概括问题的能力。

教学过程

一、猜谜激趣，引出课题

1. 从猜谜入手，引出昆虫的话题。

身穿彩色衣，翅膀扑扑飞，飞得真美丽，也把花蜜采。

（打一昆虫：蝴蝶。）

2. 欣赏背景音乐，师播放音乐视频《梁祝小提琴协奏曲》。

师：昆虫是地球上种类和数量最多的动物，已知种类超过100万种。在地球上，只要动物能存活的地方，就能找到昆虫的踪影。昆虫与人类的关系也十分密切。

（教师播放视频《昆虫调查显示生物多样性》。）

师：（出示蝗灾图片）有些昆虫也会让我们闻之色变，比如，几千年来，危害农作物的头号害虫——蝗虫。

3. 播放新闻片《内蒙古蝗灾：逾亿亩草原遭受侵袭》。

二、学习新课

1. 提出问题

师：让我们以蝗虫为例来了解昆虫。

（教师出示蝗虫图片。）

蝗虫

师：下面请同学们带着以下问题观察蝗虫结构图（出示问题）。

（1）蝗虫的身体分为几部分？

（2）蝗虫的头部有哪些结构？胸部有哪些结构？

（3）单眼和复眼的数目各是多少？

（4）蝗虫有几对足？哪对足较发达，适于跳跃？

（5）蝗虫有几对翅？

（6）蝗虫用什么器官啃食植物的叶片？

师：下面我们就以蝗虫为例认识一下昆虫。为什么要选取蝗虫呢？一是因为它的个体较大，其外形具有昆虫的典型特征，便于观察；二是因为蝗虫是较常见的农业害虫，在我国历史上曾造成严重的蝗灾。

【设计意图】昆虫适于飞行的特点是本课的重点学习内容之一，所以我利用多媒体展示大量的昆虫图片，以增强学生的直观感受，让学生带着问题自学，把学习的主动权交给学生，更加有利于学生总结昆虫的特征，较好地突出了这个重点。

2. 观察、自学、记录

学生两人一组，将准备好的材料（活蝗虫、放大镜、镊子、小蜡盘等）拿出来。如果捕不到蝗虫，可以用蝗虫的浸制标本或模型，也可以用蚱蜢、螳螂、蜻蜓等来代替。填写观察记录表。

头部		胸部		腹部	
器官	作用	器官	作用	器官	作用
触角		前足		气门	
单眼		中足		生殖器官	
复眼		后足			
口器		翅膀			

学生交流观察，讨论昆虫身体各部分的作用。

【设计意图】学生对蝗虫不可能有足够的感性认识，也没有足够的标本供学生观察，所以这部分内容就成了教学实施过程中的难点。为了化解这个难点，我让学生观察活蝗虫，并填写观察记录表，使教学实施中的难点迎刃而解。

3. 教师总结指正

（1）昆虫的各部分结构。

头部：感觉和取食中心。

触角——1 对，有触觉和嗅觉功能。

单眼——3 个，只能感受到光线，不能看东西。

复眼——1 对，真正的视觉器官。

口器——1 个，取食器官。(介绍昆虫的口器，5 种不同的口器及代表昆虫)

胸部：运动和支持中心。

前胸：前足——1 对，适于行走。

中胸：中足——1 对，适于行走。

前翅——1 对，坚韧狭长革质，覆盖在后翅上，起到保护作用。

气门——1 对，呼吸

后胸：后足——1 对，适于跳跃。

后翅——1 对，很薄，适于飞行。

气门——1 对，呼吸。

腹部：生殖和呼吸中心。

第 1 体节，听觉器官。

气门——8 对，气管的开口用于呼吸，是蝗虫的呼吸器官。

雌蝗虫：个体大，分叉，末端有产卵器。

雄蝗虫：个体小，不分叉，有交接器。

(2) 思考。

① 家里贮藏衣物的柜子里面放置卫生球或樟脑丸后，为什么能把昆虫杀死？

② 如果给你一只不知名的小动物，你能快速而准确地判断出它是不是昆虫吗？说出你的依据。

③ 你还熟悉其他昆虫吗？请你跟大家介绍你熟悉的一种昆虫（家蚕、蜜蜂、蝴蝶、苍蝇、蚊子、马蜂等）。

学生回答，教师给学生以肯定的评价，然后师生共同总结。

昆虫的特征：两对翅膀三对足，身体分为头胸腹，触角复眼各一对，口器一个特征足。

(3) 出示蜘蛛、蜈蚣和虾的图片，请学生判断它们是不是昆虫。

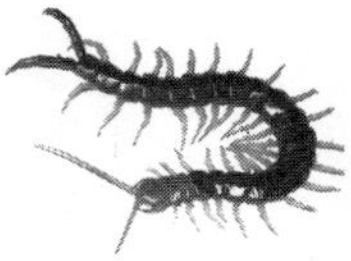

节肢动物的特征：身体由体节构成，体表有外骨骼、足和触角分节。

【设计意图】昆虫属于节肢动物，分类的知识对于学生来说是完全陌生的，所以这部分既是教学重点，也是教学难点。为了更好地突破难点，在学生总结出了昆虫的特征之后，我给出蜘蛛、蜈蚣和虾的图片，引导学生根据昆虫的特征判断上述几种动物是不是昆虫，从而将教学引导到节肢动物的特征。这样的过渡比较自然，学生也比较容易接受。

三、辩一辩

师：有人认为昆虫对人类是有利的，有人认为昆虫对人类是有害的，你的观点是什么？下面我们就“昆虫对人类是有利的还是有害的”这个问题进行一次辩论。（学生辩论会——正方认为昆虫对人类是有利的，反方认为昆虫对人类是有害的）

1. 教师组织辩论并进行评价。学生积极发言，教师营造辩论气氛。

正方观点：昆虫是有益的，如蜜蜂酿蜜，家蚕吐丝，蜂和蝶能传粉，紫胶虫和白蜡虫的分泌物可以做工业原料，地鳖虫等可以做药材。此外，从虫体获取的蛋白质已成为动物饲料和人类食品中蛋白质的丰富来源。

反方观点：昆虫是有害的，很多昆虫是农林害虫，有些昆虫不但吸人的血，而且吸家畜的血，还会传播疾病。

2. 教师总结。

通过刚才的学习我们知道有些昆虫对人类有利，有些昆虫对人类有害。很多时候，害虫之所以有害，也与人类破坏了生物多样性和生态平衡有关。昆虫一般都具有很强的繁殖能力和极强的适应性，只是由于其天敌的存在，才限制了其种群数量的发展，如果破坏了生物的多样性和生态平衡，任何昆虫都可能成为“害虫”。

四、拓展延伸

师：人类应该保护和利用有益昆虫，控制和防治有害昆虫。最好的防治办法是“以虫治虫”，使人类与自然界保持和谐的发展。

师：（补充介绍）法布尔撰写的《昆虫记》是他一生专为“虫子”写出的十卷大部头的书，这不能不说是奇迹。这是一部生命的乐章，这是一部永远解读不尽的书。

【设计意图】《昆虫记》现已成为中国中学生必读的课外书。此处引用《昆虫记》目的在于使学生了解法布尔的生平和事迹，学习他坚韧不拔的精神和毅力，进一步激发学生热爱生物的情感。

五、达标练习

1. 蝗虫坚硬的体表叫____，它的功能是______内部器官，防止体内________的蒸发，使蝗虫更适应____生活。

2. 蝗虫的身体可分为____、____和____三部分。

3. 蝗虫的头部有 1 对________，1 对________，3 个________和 1 个________。

4. 蝗虫的胸部有________和________。

5. 昆虫的主要特征：身体分为头、胸、腹三部分；头部有____对触角、____对复眼和____个口器；胸部有____对足，一般有____对翅。

6. 蝗虫触角的作用是（　　）。

A. 嗅觉和听觉　　B. 嗅觉和触觉

C. 味觉和视觉　　D. 视觉和听觉

7. 蝗虫最适于跳跃的足是（　　）。

A. 前足　　B. 中足

C. 后足　　D. 上述三种足都是

8. 蝗虫善于飞行，它的飞行器官是（　　）。

A. 后翅　　B. 后足

C. 前翅　　D. 翅和足

9. 下列哪种动物不属于昆虫（　　）。

A. 蝗虫　　B. 蜜蜂

C. 蝉　　D. 蜘蛛

10. 蝗虫是一种农业害虫，我国历史上曾多次遭受过蝗灾。下列哪一特点与这一危害无关（　　）。

A. 蝗虫的单眼能感知光线强弱　　B. 具有咀嚼式口器

C. 足发达，善于跳跃　　D. 有翅，适于飞翔

六、课外作业

1. 自己动手：制作粘苍蝇纸。

2. 调查蝗虫的发育过程；观察昆虫的翅和足的特点，并设计表格做记录。

教学反思

本节课设计的依据是面向全体学生，提高学生科学素养，倡导合作式学习的新课标理念，充分发挥学生的主动性，让学生在活动中学习，在合作中增长知识，帮助学生获得基本的学习技能，并将情感态度与价值观的培养渗透于教学内容之中，体现了新型的师生关系。现代信息技术与课堂教学结合得恰到好处，多媒体辅助教学效果比较明显，注重了学生的知识获得过程。

本课主要以素质教育为原则，结合教学重难点及生物学科的特点，注重落实基础知识，并利用多媒体辅助教学，着重培养学生的生物学素养，充分体现了学生自主学习的理念，达到了生物教学和新课程改革的要求。

不足之处：(1) 在教学过程中，我还应注重对学生进行形成性评价，评价结果要与教学目标相结合，即是否圆满完成了教学任务，达到了预期目标。如在学生的合作、交流、表达过程中，我要对学生的语言表达能力、学习兴趣、判断能力、认识问题的能力等各方面的表现适时、适当地给予评价，给学生足够的自信，不损伤学生的自尊心，充分调动学生的学习积极性，体现学生的主体地位。(2) 对学生的课堂接受能力的评价也很重要，这能使我及时了解学生的反馈信息，也使学生对自己有一个适时的、客观的认识。由此，我设计了几道有梯度的练习题，对学生进行不同层次的训练，学生也非常感兴趣，形成了主动求知的良好态势。

（所获奖项：二等奖）

专家点评

本教案充分运用了互联网搜索技术，使整节课内容非常充实，信息量非常大，很好地体现了教学的生动性和直观性，充分调动了学生的学习积极性，有利于学生理解昆虫的重要特征，提高学生识别昆虫的能力。

在导入新课环节，教师通过出示谜语，让学生猜测谜底，并通过播放视频引出本课的主题——昆虫。紧接着，教师运用图片和视频向学生展示昆虫的多样性及蝗虫对人类的危害，从而过渡到本次课的学习重点——蝗虫的结构特点。在充分应用网络搜索技术的同时，教师灵活运用生物标本及模型，让学生从对昆虫的抽象认识发展到对昆虫的具体理解。在拓展延伸环节，教师向学生介绍了法布尔的《昆虫记》和法布尔的生平和事迹，鼓励学生学习他坚韧不拔的科学精神，进一步激发学生热爱生物的情感。

此教案通过运用探究法、观察法、谈话法及讨论法等多种教学方法，不仅对教学内容进行了精心的设计，对教学重难点做了大量的讲解，还在多个教学环节中巧妙运用了互联网搜索技术，使学生较深刻地理解了昆虫的重要特征，并能很好地识别昆虫，认识到昆虫与人类的密切关系。

（点评人：北京师范大学教育学部　闻娟）

鸟类如何延续和发展

——“鸟类的生殖与发育”教案及评析

颜鹏云[①]

教学背景

教学课时：1 课时

教学准备：

1. 学生：每组准备生鸡蛋一个、碗一个（最好透明）、筷子一双、放大镜一个。

2. 教师：提前将学生分为四人一个小组，并选出组长；利用互联网搜索鸟卵的内部结构图片、早成鸟和晚成鸟的图片以及鸟卵的胚胎发育视频，多种鸟类占区、筑巢、求偶、交配、产卵、孵卵、育雏等的视频。

教学目标

1. 会描述鸟类的生殖发育过程，举例说明常见的早成鸟和晚成鸟。

2. 通过对鸡蛋结构和鸡蛋的发育过程的观察，培养观察能力；认识鸟类生殖和发育的过程，培养综合分析能力；在制作鸟巢的过程中培养实际动手能力。

3. 通过观察养鸡场，认识生物科学知识和科学技术在生活中的具体应用，培养热爱科学，爱护、关心鸟类及热爱生物、热爱生命的科学态度以及团结合作的精神。

① 颜鹏云，江苏省连云港市东海县白塔初级中学。

教材分析

本节课在学习了昆虫和两栖动物的生殖和发育特点的基础上，让学生进一步了解更高一级的鸟类是如何摆脱水的限制，具有与陆地生活相适应的生殖发育特点的。学生通过视频观察鸡蛋结构的实验，结合教材上的插图，认识各部分的结构，并明确各结构在胚胎发育过程中的作用。

教学重难点

1. 会描述鸟的生殖与发育过程，说出鸟卵的发育过程。

2. 观察鸡蛋的发育过程。

教学方法

1. 活动探究法、小组讨论法、启发式教学法。

2. 通过制作多媒体课件，插入相关图片、视频和动画演示等形式来激发学生的学习兴趣，使教学更加形象、直观。

教学过程

一、创设情境，导入新课

教师播放视频《美丽的观赏鸟》，并阐述人类不仅要爱鸟护鸟，还要让鸟类在生物圈中更好地生存、繁衍和发展。但是，鸟类能够延续和发展，离不开鸟类群体自身的生殖和发育。

二、观察鸡蛋的结构

师：鸟类的生殖和发育是一个复杂的过程，鸟的生命周期是从一个受精卵开始的。那么，首先让我们以鸡蛋为例，来认识鸟卵的结构。

任务一：画一画鸟卵的外形。

由达·芬奇画鸡蛋的故事导入，让学生分别在黑板和纸上画出鸡蛋的外形。

任务二：探一探内部结构。

1. 先让学生根据生活经验谈谈熟鸡蛋的基本结构。（哪些结构易观察到，

哪些不易观察到）

2. 出示鸡蛋的内部结构图。

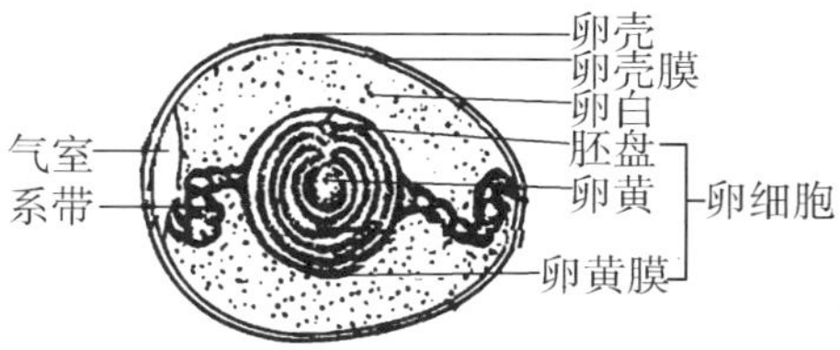

鸡蛋的内部结构

组织学生结合教材上的图文认识鸡蛋的内部结构。课件逐一呈现鸡蛋的各个内部结构。

3. 让学生在事先画好的鸡蛋外形图中将其内部结构逐一画出来，并用文字进行标注。

任务三：思一思各部分功能。

让学生结合鸡蛋内部各结构的特点和所处位置讨论其功能。（学生分小组讨论、分析，教师最后补充）

教师强调生物的形态结构与生理功能相适应的原理，从而得出鸟卵适于在陆地上发育的结构特点。

出示鸟卵的内部结构图，请学生指认各部分结构，并叙述其功能。

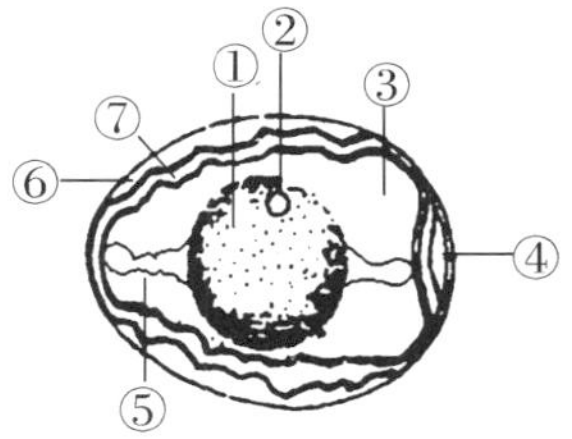

鸟卵的内部结构

三、观察鸡蛋的发育过程

师：我们已经认识了鸡蛋的结构，大家想不想知道它是如何孵化出小鸡的？同学们手中的鸡蛋能否孵化出小鸡呢？

1. 播放视频《鸡的胚胎发育》，引出体内受精的概念，并向学生出示已受精的鸡蛋和没有受精的鸡蛋的图片。

2. 提出问题。

（1）爱迪生小时候看到鸡蛋能孵化出小鸡，他也模仿着拿出一个鸡蛋想自己孵化小鸡，思考一下，他能成功吗？为什么？

（2）为什么放置在自然环境中的鸡蛋不能自动孵化成小鸡？

（3）小明家里只养了九只母鸡，他家的鸡蛋能否孵化出小鸡来？

四、观察鸟类的生殖

师：产卵其实只是鸟类生殖和发育的一个过程，你还知道鸟类有哪些行为呢？

1. 播放视频《鸟的生殖和发育》。

2. 提出问题。

（1）白居易的诗句“几处早莺争暖树，谁家新燕啄春泥”反映了什么景象？

（2）孔雀开屏、丹顶鹤跳舞、织布鸟筑巢分别属于鸟类的什么行为？

（3）鸟类的整个生殖发育包括哪几个过程？

五、观察早成鸟和晚成鸟

师：同学们刚刚已经了解到小鸡孵化的过程了，有没有同学看到过刚出壳的小麻雀是什么样子呢？

（出示早成鸟与晚成鸟的图片，提出问题。）

早成鸟——鸡鸭鹅

晚成鸟——家鸽

1. 刚出壳的小鸡和刚出壳的小麻雀有何不同？

2. 很多鸟类在育雏期间会以大量的害虫为食物，这对人类有什么好处？我们应如何对待它们？

师：亲鸟的孵卵、育雏往往较辛苦，却大大提高了后代的成活率。（由此对学生渗透父母的养育之恩）

六、提出倡导，爱护鸟类

联系鸟类“农林卫士”的作用，结合禽流感使鸟类生存境况恶化的事件，借助白居易的诗句提出倡导：保护环境、爱护鸟类。

教学反思

本节课让我感触最深的是，要想上好一节课，必须花费一定的功夫去备课。比如，准备探究的材料、查阅资料、收集资料、研究教材，并预见课上可能出现的问题等，只有课前做到心中有数，课堂上才能游刃有余。

本节课运用了多媒体进行教学，形象逼真，调动了学生的多种感觉器官参与课堂学习活动，提升了教学效果。探究鸡蛋的结构时，我让学生亲自动手，能让学生感悟到自己平时熟悉的事物原来还有这么多的知识。用鸡蛋作为实验材料，与生活联系紧密，突破了重难点。课堂上，每一环节我都先让学生自学，然后再以问题的形式引导学生回答，而不是直接把答案告诉学生，这样可以培养学生的自学能力和语言表达能力。

（所获奖项：二等奖）

专家点评

本教案在对教学目标做了非常细致深入的分析后，充分运用了互联网搜索技术，很好地体现了教学的生动性和直观性，充分调动了学生的学习积极性，有利于学生理解鸟的生殖和发育过程，增强了学生的动手能力，培养了学生关爱鸟类的情感，使他们树立了珍惜生命的价值观。

在导入新课环节，教师借助视频《美丽的观赏鸟》，不仅让学生明白人类要爱鸟护鸟，还要让鸟类在生物圈中能更好地生存、繁衍，从而引出本课的主题——鸟类的生殖和发育。在任务二中，教师巧妙运用图片向学生展示了鸡蛋的内部结构，并让学生结合教材上的图文将鸡蛋的内部结构一一做上标注，此外，在任务三中，教师让学生讨论、分析及归纳鸡蛋内部各个结构的不同功能。这两项任务充分体现了以教师为主导、学生为主体的教学策略。在观察鸡蛋的发育过程的环节，教师首先向学生抛出问题，激起学生的好奇心，让学生通过视频《鸡的胚胎发育》主动去了解其过程。在观察鸟类的生殖的环节，教师通过网络视频使学生很好地理解了鸟类的生殖和发育过程。在观察早成鸟和晚成鸟的环节中，教师首先巧妙运用图片让学生对这两种鸟有一定的认知后，再让学生讨论鸟类给人类带来的好处。

此教案通过运用探究法及讨论法等多种教学方法，不仅对教学内容进行了精心的设计，还在多个教学环节中巧妙地运用了互联网搜索技术，增强了学生的自学能力、语言表达能力及分析归纳能力，使学生深刻地理解了鸟类的生殖和发育及其重要意义。

（点评人：北京师范大学教育学部　闻娟）

细菌——不易察觉的生物

——“细菌”教案及评析

赵学光[①]

教学背景

教学课时：1课时

教学准备：

1. 学生：利用互联网收集有关“细菌百科”“细菌的发现史”“细菌的生活”“细菌在自然界中的作用”“日军731部队中国东北细菌实验”等的资料。

2. 教师：利用互联网搜索相关教学材料做参考；搜索关于细菌的视频、图片、历史故事；制作多媒体课件。

教学目标

1. 知道细菌的发现经历了几个阶段，每个阶段的代表人物是谁；通过观察能区分不同细菌种类的形态、特征和大小；结合生活实际，推测细菌的生殖方式。

2. 通过阅读教科书和小组合作学习，提高发现问题、解决问题的能力；通过课前收集资料，课堂交流，逐步培养收集和处理信息的能力、合作的能力以及从多种渠道获取知识的能力。

3. 通过了解细菌发现的过程和巴斯德的实验，认同科学的发展与技术的进步密切相关，培养严谨的科学态度和热爱科学的兴趣；通过对细菌分裂相关知识的学习，明白讲究个人卫生的道理，并养成勤洗手的良好卫生习惯。

---

① 赵学光，辽宁省抚顺市新宾满族自治县平顶山镇中学。

教材分析

本节课从微观的角度引导学生了解细菌的形态结构、生理及分布特点等，要求学生学会描述细菌的主要特征（形态结构、营养方式、生殖等），认同科学的新发现是建立在缜密的思维和精确的实验基础上的，培养学生严谨的科学研究态度和热爱科学的兴趣，为后面学习细菌、真菌对自然界的作用和人类对细菌、真菌的利用奠定基础，同时为日常生活中细菌性传染病的预防提供理论依据。

教学重难点

1. 细菌形态结构的特点；细菌的营养方式和生殖方式。

2. 细菌的主要特征，巴斯德实验的历史性突破。

教学方法

为了体现学生的主体地位，根据教学内容的要求，本节课采用问题探究的形式，结合观察讨论法和比较归纳法进行启发式教学。

教学过程

一、创设情境，引入新课

1. 播放视频《侵华日军731细菌部队罪证陈列馆》。

2. 学生阅读利用互联网搜索的“日军731部队中国东北细菌实验”的资料。

师：通过视频及资料你想到了什么？

3. 教师设疑：细菌是一类什么样的生物？细菌是怎样被发现的？

二、问题引导，自主探究

1. 出示任务一：细菌的发现

(1) 是谁最先发现了细菌？

(2) 关于细菌的来源，谁给出了正确的解释？

(3) 巴斯德怎样演示了实验？得出了什么结论？

（4）巴斯德被称为什么？

（5）通过巴斯德的这个科学故事，你对科学的发现有什么新的认识？

学生独立展示学习成果，其他同学进行补充，对于不能解决的问题，小组讨论后共同总结。

总结要点：

（1）荷兰人列文虎克最先用自制显微镜发现了细菌。

（2）法国科学家对细菌的来源给出了正确解释：细菌不是自然发生的，而是由原已存在的细菌产生的。

（3）播放视频《巴斯德的鹅颈瓶实验》。

师：通过刚才的小结，我们知道细菌的发现是和科学技术的进步密切相关的。在日常生活中，我们仅凭肉眼可以看到细菌吗？同学们想不想亲眼见识一下细菌的形态呢？

2. 出示任务二：细菌的形态和结构

阅读教材内容，结合视频和图片回答下列问题。

（1）细菌的个体特点有哪些？

（2）细菌有哪些形状？

（3）细菌是独立生活还是共同生活？

（4）比较动、植物细胞与细菌细胞的结构，总结细菌的主要特征，推测细菌的营养方式。

（播放视频《细菌介绍》，出示电镜下的几种细菌形态、动物细胞、植物细胞、细菌细胞的图片。）

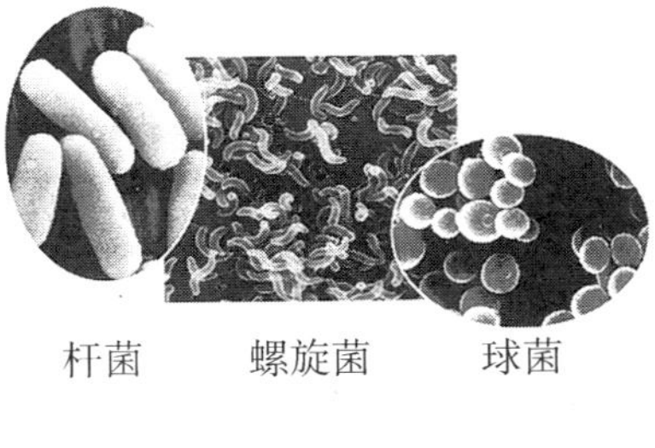

电镜下的几种细菌形态

师：在温暖的环境下，肉汤很快就会变质，这说明细菌的繁殖有何特点？细菌是如何繁殖的？（播放细胞的分裂繁殖的视频）

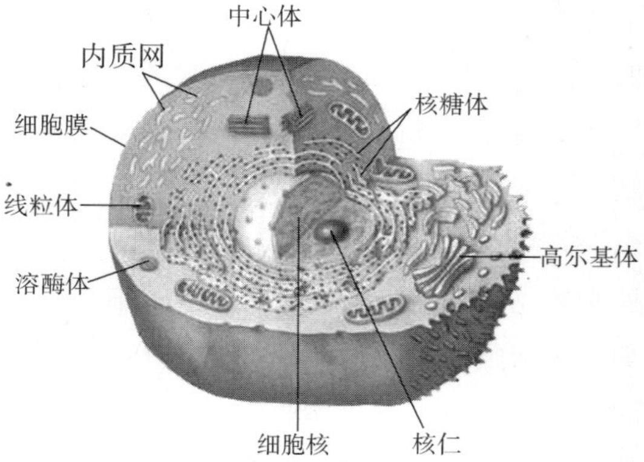

动物细胞

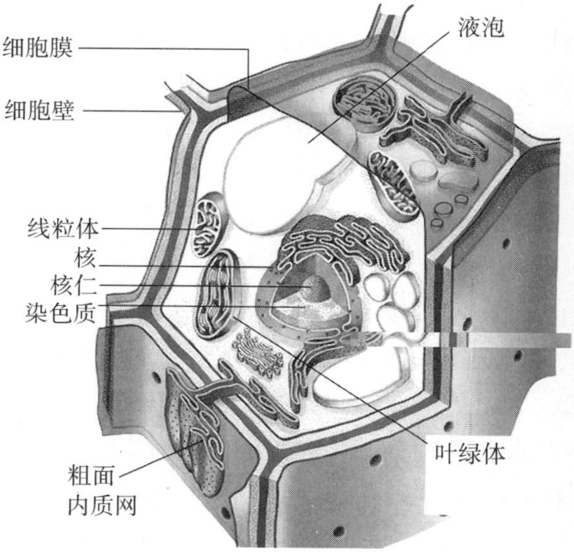

植物细胞

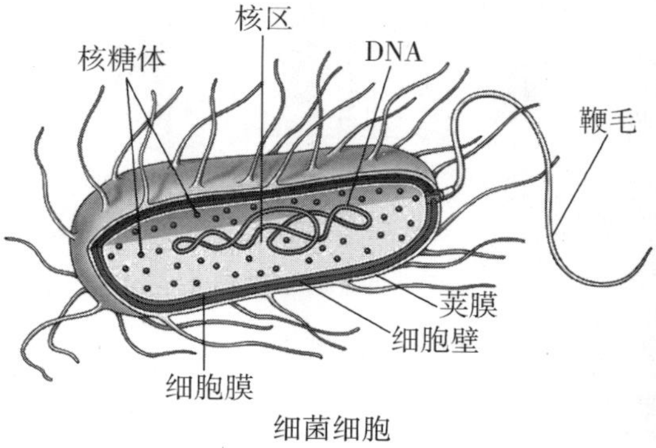

细菌细胞

3. 技能训练

计算细菌数目并思考：日常生活中应如何搞好个人卫生？

4. 阅读教材内容，了解芽孢。（出示芽孢的文字资料）

思考：由芽孢萌发成细菌是一种生殖过程吗？

三、视野拓展，感悟提升

1. 细菌的哪些特点与它们的分布广泛有关？

2. 外科大夫在给病人做手术之前，要进行严格的消毒，手术时还要戴上消过毒的口罩和手套，这样做有什么好处？

3. 消毒时应以杀死什么物质作为标准？

四、巩固训练，检测反馈

1. 演示课件，出示检测题。

2. 学生作答。

五、总结

师：同学们，如果有不理解或不明白的地方，可以通过互联网搜索相关内容参考学习。

教学反思

本节课，我利用互联网搜索到了与教学内容相关的视频、图片和文字资料，进行多媒体教学，使知识更易于被学生接受，既培养了学生的兴趣，又培养了学生观察问题、解决问题的能力，充分体现了学生的主体作用和教师的主导作用。另外，在教学中，我努力创设情境，让学生主动参与对问题的归纳总结环节，既培养了学生的参与意识和创新意识，又培养了学生自主学习、合作交流的能力。互联网的使用，为课堂提供了更多的有声、有形的资料，激发了学生学习的兴趣和积极性，更利于教学重点和难点的突破，拓展了学生的知识面，也增大了课堂的容量。在今后的教学中，我还会继续使用互联网搜索引擎，充分发挥互联网的价值。

（所获奖项：二等奖）

专家点评

本教案在对教学目标做了非常细致深入的分析后，充分运用了互联网的搜索功能，很好地体现了教学的生动性和直观性，充分调动了学生的学习积极性，有利于学生理解细菌的形态结构、营养方式及生殖方式等，激发了学生对科学的兴趣和热爱，培养了学生严谨的科学态度和科学精神。

在导入新课环节，教师巧妙运用互联网上查找的《侵华日军731细菌部队罪证陈列馆》的视频及“日军731部队中国东北细菌实验”的文字资料，让学生分享自己的体会，并讨论细菌是怎样被发现的，在培养学生爱国情感的同时，引出本次课的主题——细菌。在自主探究环节，教师运用任务驱动教学法，让学生像科学家那样主动去探究细菌的发现过程，然后通过播放视频《巴斯德的鹅颈瓶实验》，向学生生动地展示了细菌到底是怎样的。在任务二中，教师让学生结合教材及视频、图片、文字资料等网络信息，让学生讨论、分析细菌的形态和结构，并比较细菌与动植物的区别。

此教案通过运用探究法及任务驱动教学法等多种教学方法及教师为主导、学生为主体的教学策略，不仅对教学内容进行了精心的设计，还在多个教学环节巧妙运用了互联网搜索功能，培养了学生的探究能力、语言表达能力及归纳分析的能力，使学生深刻地理解了细菌的形态结构、营养方式和生殖方式，培养了学生保持良好个人卫生的意识。

（点评人：北京师范大学教育学部　闻娟）

植物的生命成长过程

——“植物的开花和结果”教案及评析

丁艳华[①]

教学背景

教学课时：1 课时

教学准备：

1. 学生：预习课文，了解有关花和果实的知识，准备常见的百合花、杜鹃花、花生、苹果、番茄、黄瓜等的观察材料。

2. 教师：准备参考教案和教学材料；网上搜索相关视频和图片。

教学目标

1. 了解绿色开花植物的花的内部结构及功能。

2. 培养合作实验探究能力、读图识别能力、抽象思维能力。

教材分析

本节教材包括三部分内容：第一部分开花，主要学习开花的概念、习性；第二部分是花的结构，是本节的学习重点，主要学习一朵花的主要部分是雄蕊和雌蕊；第三部分果实，主要讲述果实的组成和功能。根据这些教学内容，课堂上安排了实物观察方法进行学习探究，配合使用多媒体帮助学生理解。

① 丁艳华，辽宁省本溪市第五中学。

教学重难点

1. 花的基本结构及花的各部分的主要功能。

2. 说出植物果实的结构。

3. 解剖、探究花的基本结构及果实的形成过程。

教学方法

自主合作探究法。

教学过程

一、视频导入

1. 播放视频《请欣赏我国十大名花》。

【设计意图】轻盈的音乐，优美的画面，寓教于乐，激发学生的学习兴趣，让学生很快进入探究状态。

师：看了视频你有什么感受?

2. 小活动

让学生谈谈赞美花的诗句。如“墙角数枝梅，凌寒独自开。遥知不是雪，为有暗香来。”“芙蓉如面柳如眉，人面桃花相映红。”

二、解读文本

1. 学生阅读并叙述课文内容后观察图片，并讨论：

“人间四月芳菲尽，山寺桃花始盛开”这句诗说明花开与什么因素有关?

2. 教师要关注学生的活动状态，与他们共同解决可能存在的问题和困惑，还可以做以下补充（课件展示花中“四君子”图片）：植物不同，花的大小、颜色、开花时间和花期也有差别。

3. 学生参照课本上的桃花的结构模式图，认识桃花模型的结构。教师引导学生认识所观察的花是由花托、花瓣、花萼、雄蕊和雌蕊等基本结构组成的。

兰花

梅花

菊花

竹子

三、实验解析

1. 解剖百合花。实验小组通过解剖，说出花的颜色、数量并推测其各部分功能，然后讨论、交流以下问题。

（1）百合花的结构和桃花的结构有什么差别？

（2）花的主要结构是什么？

2. 教师出示图片《桃花的结构》。

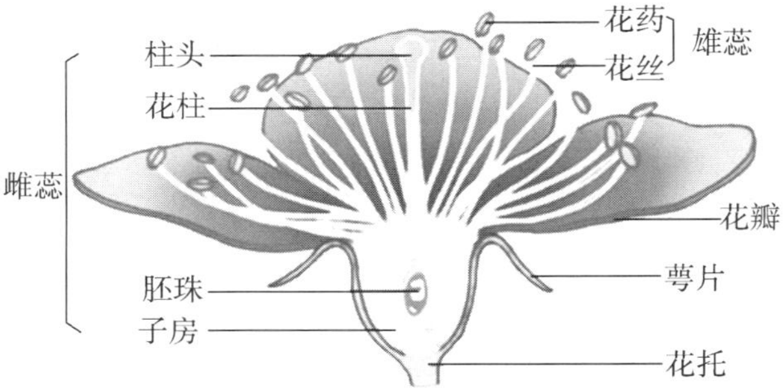

桃花的结构

3. 教师播放视频《花的结构和传粉》，展示花的传粉和受精过程。

4. 教师出谜语：“麻屋子，红帐子，里面住着白胖子。”其谜底是什么？其中的“麻屋子”“红帐子”“白胖子”分别指什么？

（学生思考回答。）

5. 教师指导学生进行识别果实结构的探究观察。先拿出花生果实，对照教材中的图片，按照从外到内的顺序，认识花生的果实结构，注意果皮和种子的形态、颜色、手感；再讨论交流：花生长在地下，为什么称它为果实，然后让学生拿出准备好的常见植物的果实，如苹果、番茄、黄瓜、辣椒等材料观察交流。

四、课堂小结

1. 学生利用桃花模型再现本课的知识点，并进行讲解。

2. 播放音乐视频《金缕衣》，结束本课。

教学反思

本节课以欣赏十大名花拉开序幕，通过引用古诗导入教学，陶冶学生的情操，提示学生，优美的诗句之所以能流传千古，主要因为它来源于生活，却高于生活，体现了作者敏锐的观察力和丰富的想象力，同时让学生明白各学科并不是孤立的，而是相互交叉关联的，体现生物学与生活息息相关的理念，让学生从内心深处产生热爱大自然的情感。

生物学是一门实验性学科，采用观察、实验探究的方法教学较直观，既符合学生的客观认知规律，又能让学生印象深刻，记忆持久，寓教于乐。同时结合多媒体等展示环节，使抽象的内容具体化，使学生耳目一新，理解更深。最后，以一首意味深长的古诗结束本课，效果极佳。

（所获奖项：二等奖）

专家点评

本教案在对教材做了深刻的分析后，充分运用互联网搜索技术，帮助学生理解花及果实的解剖结构，体现了教学的生动性和直观性，不仅充分调动了学生的学习积极性，还陶冶了学生的情操，培养了学生热爱动植物的情感，提升了学生勿枉花季、珍惜时间的价值观。

在导入新课环节，巧妙地运用了网络视频《请欣赏我国十大名花》并引用了古诗，将学生带入了我国名花的世界，从而引出本课的主题。在解读文本的环节，教师结合教材上的内容、我国的古诗及网络图片，让学生体验并观察到花的种类不同，花的结构也不同。在实验环节，教师运用网络图片——桃花的结构，让学生解剖百合花，认识花的主要结构。在实验之后，教师又借用网络视频让学生进一步理解花的结构和受精过程。在实物观察果实环节，教师让学生从抽象的认知自然地过渡到具体的理解上。在此课的结束环节，教师巧妙地运用网络视频《金缕衣》，以“花开堪折直须折，莫待无花空折枝”勉励学生勿枉费少年时，然后结束本课，对整个教案起到了锦上添花的作用。

此教案运用观察法、探究法及实验法等多种教学法，并在多个教学环节中巧妙运用了互联网搜索技术，不但使学生深刻地理解了花和果实的结构，而且让学生明白了生物与人类的生活及环境息息相关的道理，让学生从内心深处产生热爱大自然的情感。

（点评人：北京师范大学教育学部　闻娟）

小心病毒侵害

——“病毒”教案及评析

田丽秀[①]

教学背景

教学课时：1课时

教学准备：

1. 学生：预习了解新课，提出自学中遇到的问题；通过互联网收集有关病毒及病毒与人类的关系等方面的资料。

2. 教师：通过互联网搜索与本课教学内容相关的视频和图片。

教学目标

1. 能列举几种与人类生活关系密切的病毒；描述病毒的主要特征；关注病毒与生物圈中其他生物之间的关系，特别是与人类的关系。

2. 培养全面、客观、辩证地分析问题的能力。

3. 通过了解病毒的发现过程，认同科学的发展与技术的进步密切相关的道理。

教材分析

病毒是微生物中形态最微小、结构最简单的一类生物。本节课是对病毒的形态结构、生命活动及其与人类的关系的学习，是探究微生物在生物圈中的作用的基础和前提。同时，本节课在培养学生辩证分析问题方面发挥了重

① 田丽秀，山东省青州市海岱学校。

要的作用。

教学重难点

1. 病毒的基本形态和结构以及病毒结构的独特性。

2. 病毒的生命活动特点。

3. 病毒与人类的关系。

教学方法

讲授法、多媒体演示法。

教学过程

一、新课导入

1. 人类的许多疾病都是由病毒引起的，由学生发言，列举生活中常见的与病毒有关的人类疾病的名称，如传染性非典型性肺炎、流行性感冒、腮腺炎、病毒性肝炎、艾滋病等，并大致说出其与哪些病毒有关。学生在举例过程中，可能会列举出某些病例，如肺炎、痢疾等疾病，它们与细菌有关而非病毒，据此设问：病毒与细菌是一类生物吗？并针对此问题，由学习小组代表发言，交流收集到的资料，从而导出本课课题。

2. 展示引起疾病的有关病毒的图片，让学生先从感官上认识病毒。

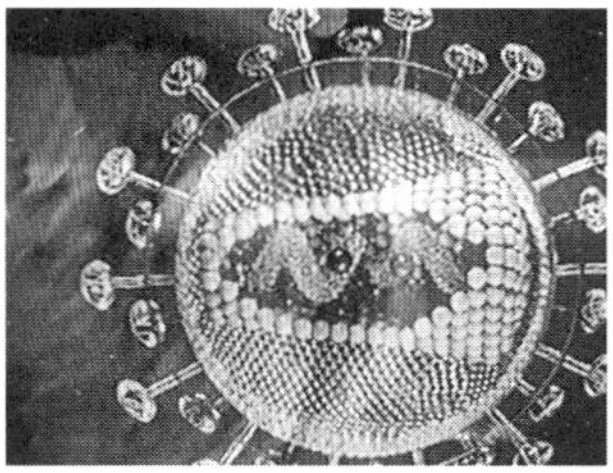

非典病毒

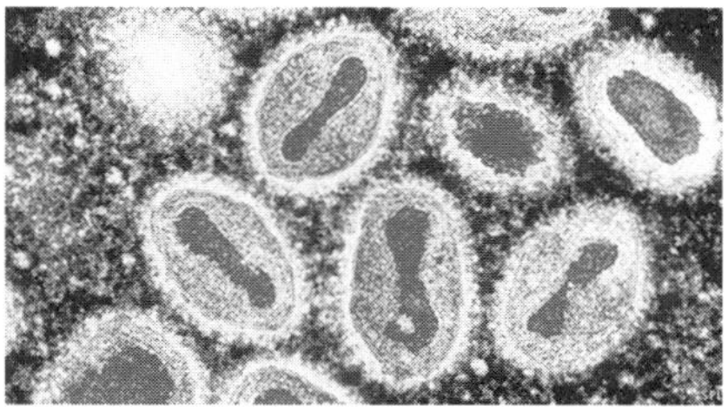

天花病毒

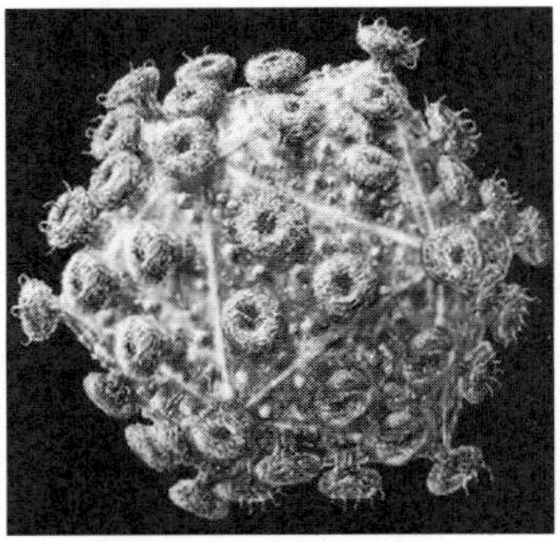

艾滋病病毒

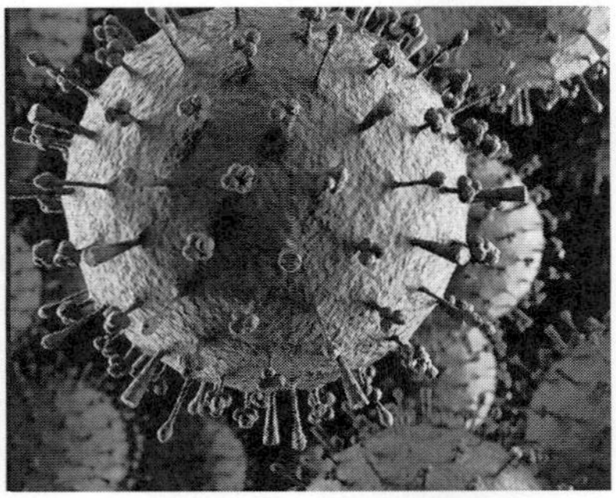

甲型H1N1流感病毒

二、新课学习

（一）病毒的形态

1. 设问：为什么当时的科学家用显微镜可以看见细菌而看不到病毒呢？由小组代表根据所收集到的有关病毒形态大小的资料发言，教师总结得出：病毒的形态极其微小，往往以纳米为单位，形态比细菌小得多。举例：葡萄球菌在细菌中算是小的，但流感病毒的大小只有它的五十分之一；通常，10万个病毒排列起来才能够用眼睛看到，所以病毒通常只能借助于电子显微镜才能观察到。由此，进一步引发学生推测，如果把病毒比喻为篮球，那用什么比喻细胞合适呢？在学生大胆推测、踊跃发言的基础上，用课件展示病毒是篮球而细胞是摩天大厦的图片，使学生直观、形象地体会病毒形态的微小程度，强化其感性认识。

2. 利用课件展示在电子显微镜下的多种病毒的图片，由学生观察得出：病毒具有多种多样的形态，主要的有球形（此处教师需说明其只是近似球形）、杆形和蝌蚪形等，还有其他形态如砖状、丝形、冠状等。

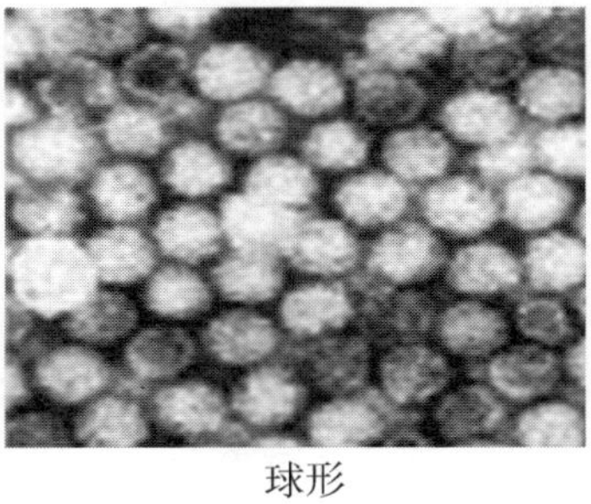

球形

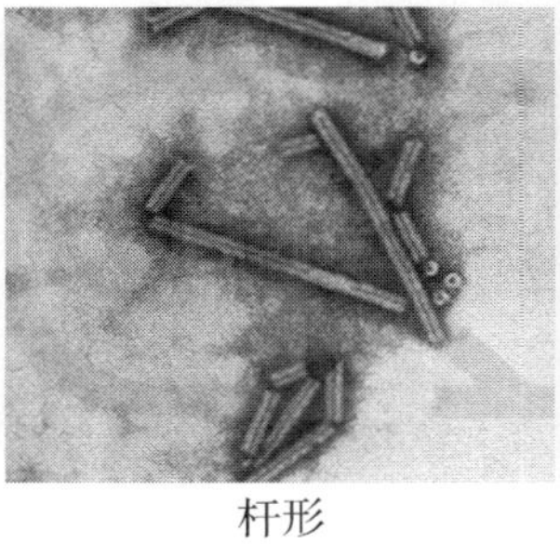

杆形

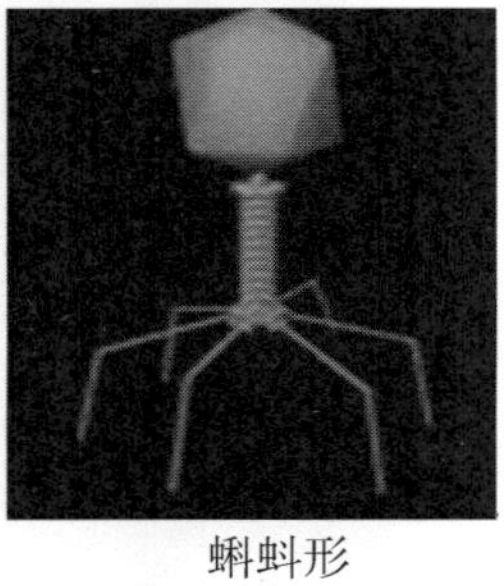

蝌蚪形

（二）病毒的结构

课件展示病毒结构示意图，设问：病毒的结构与我们所学的植物、动物细胞的结构一样吗？学生讨论得出：病毒不具有细胞结构，其基本结构很简单，一般由蛋白质外壳和内部的遗传物质组成。此处应强调指出，结构简单并不能说明病毒是最原始的生物。

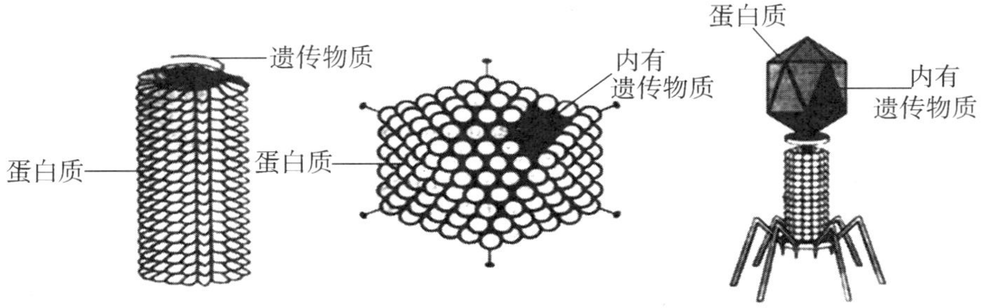

病毒的结构

（三）病毒的生命活动

1. 设问：既然病毒没有细胞结构，那么它怎样生活和繁殖呢？（由对问题的探究导入对病毒生命活动的学习）

课件出示阅读资料：

1935年，诺贝尔化学奖得主，美国生化学家斯坦利第一次将病毒提纯出来，得到了一些结晶体，后来，还有许多科学家将各种各样的病毒提纯出来，均为结晶体。这些结晶体表现不出任何的生命特征，但是如果将这些结晶体移入生物体内，病毒就会大量繁殖，并使生物体致病。至今，美国加州大学原斯坦利实验室里保存的他当时提纯的病毒结晶仍然具有致病力。

由以上资料可知，病毒是一种特殊生物，只有在其他生物的活细胞内才能生活和繁殖，也才能表现出生命现象，离开活细胞后，病毒则无法进行任何生命活动。

2. 设问：病毒体内有叶绿体和叶绿素吗？能进行光合作用吗？（指导学生带着问题阅读教材中的相关链接，了解寄生的概念。）

3. 设问：既然病毒没有细胞结构，那它会像植物细胞、动物细胞那样以分裂的方式来增加自身数量吗？病毒究竟如何繁殖呢？

教师播放视频演示经过放射性物质标记的T4噬菌体侵染细菌的过程：噬菌体附着绿脓杆菌→穿入→注入遗传物质→利用细菌内的物质制造多个新噬菌体→细菌破裂，释放出新噬菌体。

结论：病毒的繁殖方式是自我复制。

这个视频中用的词语是“噬菌体”而不是病毒，利用此疑问可以引导学生学习病毒的分类。这类病毒专门侵染细菌细胞，所以叫作细菌病毒，也叫作噬菌体。

4. 利用课件展示多张图片，由学生观察、归纳得出：除了细菌病毒以外，有些病毒还专门侵染植物和动物，分别叫作植物病毒和动物病毒。此处教师需说明：一种病毒通常只侵染某种特定的细胞，如绿脓杆菌噬菌体只侵染绿脓杆菌，鸡瘟也不会传染给人类。

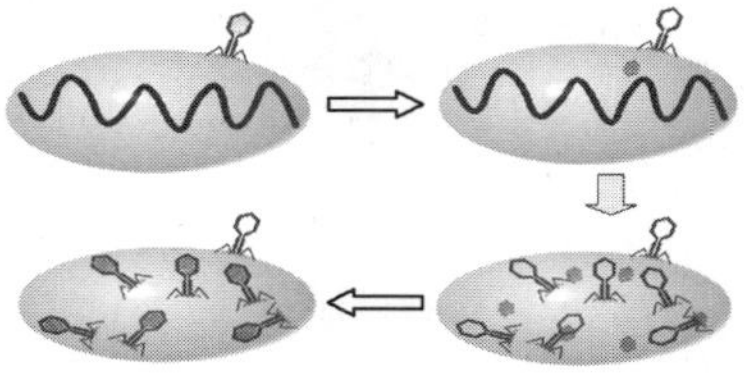

病毒的繁殖过程示意图

（四）病毒与人类的关系

1. 课前已经布置学生利用网络搜索病毒与人类关系的相关资料，小组讨论搜索结果，由小组代表发言。经过以上讨论交流后，学生很容易知道，病毒对人类的生活既有有害的一面，也有有利的一面。

课件展示病毒的两面性，使学生对病毒有更多的认识和了解，指导学生形成辩证科学的世界观。

（课件出示《病毒与人类的关系》的文字资料。）

2. 病毒不能独立生活，而必须寄生在其他生物的细胞里，那么，它是怎样传播的呢？在这里，教师可以通过实例启发学生思考、讨论。例如，流行性感冒发生时，你的同学中生病的多吗？他们为什么会患上流行性感冒？它的传播途径是什么？教师综合归纳，组织学生讨论人们在日常生活中应该养成哪些卫生习惯，可以采取哪些措施预防流行性感冒。

教学反思

病毒各方面的特点决定了其学习难度较大，所以在本课教学中，大量运用图片和文字资料来使教学直观化、形象化、趣味化，降低学习难度。同时，让学生收集大量资料，采用学生小组讨论的形式，使学习过程掌握在学生手中，有利于调动学生的学习积极性，在讨论交流中加深学生对知识的辨析、理解和掌握，同时培养学生收集、分析资料的能力以及合作学习、表达交流的能力。

生物新课标的理念是“面向全体学生，提高生物科学素养，倡导探究性学习”。学习的主体是学生，学习过程应该是学生个体掌握知识、锻炼技能、培养情感的过程。依据新课标的理念，在教案中，我大量采用由学生课前收集相关资料的方法，锻炼了学生查找、收集资料的能力，在收集资料过程中，充分发挥学习小组的集体作用，培养学生的合作意识。在课堂教学过程中，我有目的地设置疑问，让学生展开讨论，于讨论中明晰知识，准确把握生物学概念，培养学生的科学严谨性；采用学生代表表述资料、集体讨论交流的方式，让学生在探究中获得知识，学生很有成就感，而且课堂气氛非常活跃。知识要由学生去自主获取，教师的任务是指导其去伪存真，去粗留精。教师在课堂教学中的作用是指导，在关键性问题上应指引探究方向，控制教学进程，总结归纳知识，纠正探究过程中的偏差，而不是干涉学生对知识的获取过程，这样才可以充分体现学生在学习过程中的主体地位。

本课的不足之处在于，在教学过程中，学生在面对资料和信息时只是停留在收集层面，分析、加工信息的能力不强，在今后的教学中，我要积极引导学生对信息进行一定的科学认识和理性思考。同时，对资料的收集也要进行分工，不然会加重学生的负担或造成资料的重复。

（所获奖项：三等奖）

专家点评

本教案对该教学内容的分析十分到位，教学思路较为清晰。在教学过程中，教师时刻以问题为引导，层层设疑，引导学生进行思考和讨论，体现了教师作为课程组织者和引导者的角色。同时，激发了学生的学习兴趣，让学生带着疑问学习，提高了学习的主动性，提升了教学效果。此外，在教学过程中，教师采用多媒体教学，视频、图片相结合的方式，将抽象的知识具体化，将复杂的知识生活化，增强了学生的感性认知，便于学生理解的同时也加深了学生的记忆。本课程的一大亮点是展示出了病毒的两面性，使学生对病毒的了解不再停留在危险或可怕的层次，而有了更多的、更科学的认识和了解，使学生形成辩证、科学的世界观，注重了学生情感、态度和价值观的形成。

但是，本教案中也存在一些不足之处。第一，本教案对于教学重难点和教学方法的分析阐述不够详细具体，把握不够准确。第二，正如反思中所提到的，学生对信息资源的分析、加工能力还不够，这个过程需要教师的指导和引导。

（点评人：北京师范大学教育学部　闻娟）

正确认识传染病

——“传染病”教案及评析

王淑芹[①]

教学背景

教学课时：1 课时

教学准备：

1. 学生：课前填好疾病调查表。
2. 教师：准备多媒体课件和疾病调查表。

教学目标

1. 对传染病有较全面的认识，能够正确对待传染病，正确对待传染病患者。

2. 养成良好的生活和卫生习惯，远离传染病。

教材分析

本节教材有四部分内容：第一部分主要学习传染病，包括传染病的定义和特点；第二部分主要学习传染病流行的基本环节和预防措施；第三部分主要学习传染病的分类；第四部分主要学习艾滋病的传播途径和预防措施。通过学习，教导学生珍爱生命、热爱生活。

---

① 王淑芹，辽宁省本溪市实验中学。

教学重难点

1. 常见的传染病及其特点。
2. 传染病的传播途径和预防措施。
3. 传染病与非传染病的区别。

教学方法

直观教学法与讲授法相结合，通过小组讨论的方式解决问题。

教学过程

一、情境导入

（播放视频《非典宣传片》。）

师：这段视频又把我们的思绪带回到2003年那场没有硝烟的战斗中。在那段日子里，每个人都很恐慌，这是为什么？非典期间大家的生活方式发生了哪些变化？

（学生认真观看视频。）

生：非典具有很强的传染性。非典期间，人们开始戴口罩、勤洗手，注意个人卫生，不敢到人群聚集的地方。

师：从同学们的回答中看出，大家对非典都有一定的了解，的确，非典是一种危害性极强的传染病，但是，我们通过采取一些有效的方法还是可以预防的。传染病并不可怕，只要预防和处理措施得当，就能有效地控制传染病，今天我们就来学习有关传染病的一些知识。

（教师通过陈述，适度引导，让学生自主探究。）

二、学习新课

1. 认识传染病

教师引导学生分析流行性感冒和龋齿两种常见病的不同。

生：流行性感冒会传染，龋齿不会传染。

师：由于流行性感冒能够传染给别人，所以它是传染病，而龋齿却不会传染给其他人，所以我们把它叫作非传染病。

师：请同学们思考这两种病的病因是否一样？

（学生思考并作答。）

生：流行性感冒是由流感病毒引起的，患者本身的身体结构没有发生改变，而龋齿是由于自身牙齿结构发生变化引起的。

师：通过分析我们知道，传染病是由外来的病毒引起的，那么，引发传染病的因素有哪些呢？是否所有的传染病都是由同一种物质引起的呢？

2. 分析传染病

让学生以小组为单位讨论分析肺结核、脚湿气、蛔虫病、流行性感冒四种常见病的病因。

师：（补充）肺结核是由结核杆菌引起的；脚湿气是真菌感染；蛔虫病是由寄生虫引起的；流行性感冒是由流感病毒引起的。

师：（总结）引起传染病的生物叫病原体。

教师给传染病下一个准确的定义，学生概括出传染病的特点，教师最后补充。

师：前一段时间，流感非常严重，有的班级被传染的同学多达二三十人，大家想一想，传染病到底是怎么发生的？它在同学之间为什么能大肆流行？

生：传染病的流行需要具备病人、传播途径、被传染者三个要素。

师：谁能试着说出这三个环节，并以流感为例，分析其传染源、传播途径和易感人群？

生：传染源——流感患者；传播途径——空气、飞沫；易感人群——免疫力低下的人，尤其是老人和孩子。

师：这三个环节必须同时具备，传染病才能传播或流行。

师：我们学习传染病知识最重要的目的是要对其进行预防，那么，具体如何预防呢？你平时是怎么做的？

生：控制传染源，切断传播途径，保护易感人群。

师：思考一下，在非典期间为什么要将体温超过38℃的人隔离？

生：控制传染源。

师：为什么要进行全面消毒？

生：切断传播途径。

师：为什么提倡全民健身运动呢？

生：保护易感人群。

教师鼓励学生说出更多的预防措施，让学生意识到传染病在发病前就有传染性，一般在发病初期传染性最强，所以对传染病患者要尽可能做到早发现、早诊断、早报告、早隔离、早治疗，以防止传染病蔓延。

3. 传染病的分类

教师播放视频《传染病的分类》，目的在于让学生了解传染病的病种有很多，以及传染病的危害程度和应采取的监督、监测和管理措施，《传染病防治法》将 37 种传染病列为法定管理的传染病，并根据其传播方式、速度及其对人类危害程度的不同，分为甲类（如鼠疫、霍乱）、乙类（如传染性非典型肺炎、艾滋病、病毒性肝炎）和丙类（如流行性感冒、麻风病、手足口病）三类。

师：以四种常见的传染病——肺结核、菌痢、乙肝、红眼病为例，请大家分析它们的病原体原始寄生部位，它们是怎样传播的以及如何预防。

（学生小组讨论后回答。）

（1）肺结核是由结核杆菌侵入肺部引起的慢性传染病。该病病原体的原始寄生部位是呼吸道黏膜和肺。经常参加体育锻炼和体力劳动，增强体质，对预防肺结核有积极作用。不随地吐痰，经常开窗，进行阳光照射都对肺结核具有预防作用。

（2）菌痢是由痢疾杆菌引起的急性肠道传染病。该病病原体的原始寄生部位是消化道及其附属器官。预防菌痢主要是大力消灭苍蝇，饭前便后要洗手，生吃蔬菜瓜果要洗净，不吃腐烂变质的食物，不喝生水等。

（3）乙型肝炎是由乙肝病毒引起的。该病病原体的原始寄生部位是血液和淋巴，应采取以疫苗接种和切断传播途径为重点的综合性措施。切断传播途径的重点在于防止病毒通过血液和体液传播，采取预防接种或注射药物 1 人 1 针 1 筒，使用 1 次性注射器的措施。

（4）红眼病又叫急性出血性结膜炎，是一种传染性极高的急性眼病。该病病原体的原始寄生部位是皮肤和体表黏膜。预防急性出血性结膜炎的主要办法是搞好个人卫生，保护眼睛，免受感染。病人和健康人的手帕、毛巾、脸盆应该分开使用。

（师生共同归纳传染病的种类。）

三、课外拓展

1. 比一比：请同学们将课前填好的疾病调查表拿出来比一比，看谁答对的多。

2. 教师出示“红丝带”图片，让学生说明“红丝带”的含义——世界关心艾滋病的标志。让学生谈谈对艾滋病有什么认识。

四、课堂小结

让学生谈谈本节课的学习收获。

五、课堂练习

完成教材后面的自我评价。

教学反思

这节课从课前的资料准备到课堂上的问题探究、交流讨论，都突出了以下两个特点：(1) 充分利用多媒体，使学生的收集、处理信息能力得到培养和提升；(2) 借助“令人难忘的非典之战”和“世界艾滋病日”的信息资料进行学习，易引起学生关注。

（所获奖项：三等奖）

专家点评

本教案的教学思路较为清晰，从情境导入到对教学重点和难点的讲解，再到情感态度的升华，内容全面而丰富。课堂上的交流互动以学生为主体，以学生的学来设计和组织教师的教。教学过程中，教师时刻以问题为导向，引导学生进行思考和讨论，体现了教师作为课程组织者和指导者的角色。教学策略选择适当，运用灵活，也选择了适当的教学媒体。教师将现有的多种媒体教学手段进行整合，发挥其最大的应用价值，包括传统媒体、多媒体的结合，使课堂表现形式多样，加深了学生的感性认识以及对知识的理解和掌握。本教案的一大亮点是借助“令人难忘的非典之战”和“世界艾滋病日”的信息资料来进行学习，与生活联系密切，易引起学生关注，增强了学生对传染病知识的理解。此外，小组合作、讨论交流的教学组织形式可以增强学生的合作能力，培养学生的团队合作精神以及责任意识，并且可以活跃课堂气氛，增强学习效果。

（点评人：北京师范大学教育学部　闻娟）

远离传染病

——“传染病及其预防”教案及评析

李志伟①

教学背景

教学课时：1课时

教学准备：

1. 学生：调查当地常见的几种传染病；收集有关艾滋病的资料；预习课本，完成教材中的表格。

2. 教师：利用互联网搜索有关甲型H1N1流感传染病、病原体的图片，艾滋病病毒的图片；制作传染病的三个环节的多媒体课件。

教学目标

1. 能举例说出传染病的病因、传播途径、预防措施，能列举常见的寄生虫病、细菌性传染病和病毒性传染病，能说出艾滋病的病原体、传播途径及预防措施。

2. 通过观察图片，培养观察能力；通过资料分析及调查活动，培养理论联系实际的能力。

3. 培养以预防为主，防重于治的精神；培养参与意识和社会责任感；通过认识艾滋病，培养关心爱护艾滋病病人的情感。

教材分析

本节内容主要是让学生了解如何预防疾病，保持健康，这是健康生活的

---

① 李志伟，广东省佛山市三水白坭中学。

一个重要方面，同时也为后面学习关于免疫的内容做好铺垫。

教学重难点

1. 传染病的传播途径和预防措施。
2. 传染病的病原体。

教学方法

实例分析、分组讨论、多媒体直观教学。

教学过程

一、创设情境，引入课题

师：一直以来，人们都很珍爱生命，也珍爱健康，那么，什么是健康呢？

生：身体好、不生病。

学生讨论分析健康的概念的三个方面。教师在学生讨论时出示互联网中世界卫生组织关于健康的定义：健康不仅仅是没有疾病，而且包括躯体、心理的完好状态与良好的社会适应能力。近年来，世界卫生组织把道德修养和生活质量也纳入健康的范畴。

（教师引导学生分析身体健康、心理健康和社会适应能力三方面的关系。）

二、讲授新课

1. 传染病的现象和概念

师：每年，特别是春秋季节，人们都会警惕一些传染病的流行，你知道最近几年有哪些传染病对人类影响较大吗？

师：你的调查表中有哪些是传染病？哪些可以通过接种疫苗来预防？这些传染病有什么共同特点？具体什么是传染病呢？

学生分别回答上述问题。

师：传染病的最大特点是传染性，是什么在人和人或动物和人之间传播呢？

生：可能是病毒、细菌、寄生虫等生物。

（出示《非典病毒的特点》《禽流感释义、发现、特征、与人类关系》《艾滋病病征》《肺结核简介、病征》等文字资料。）

师：这些传染性疾病是由什么原因引起的？

生：病原体，即引起传染病的细菌、病毒、寄生虫等生物。

（出示常见的几种病原体图片。）

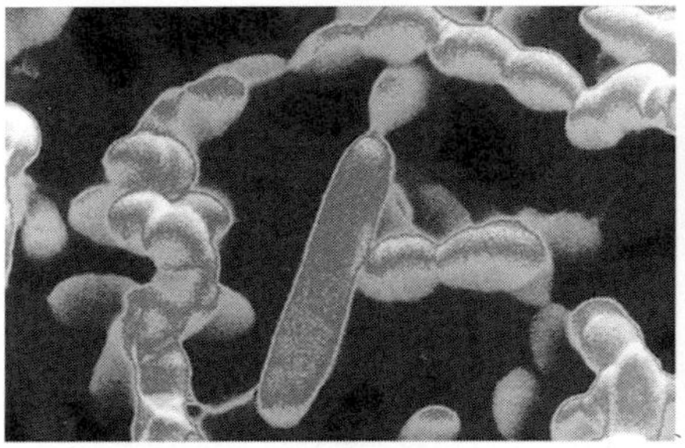

结核杆菌

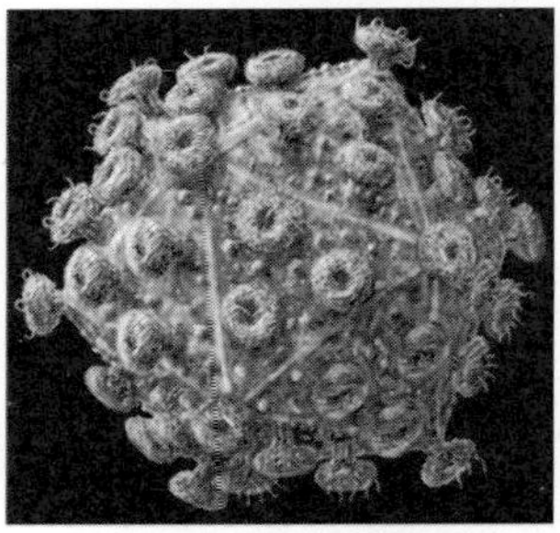

HIV（艾滋病病毒）

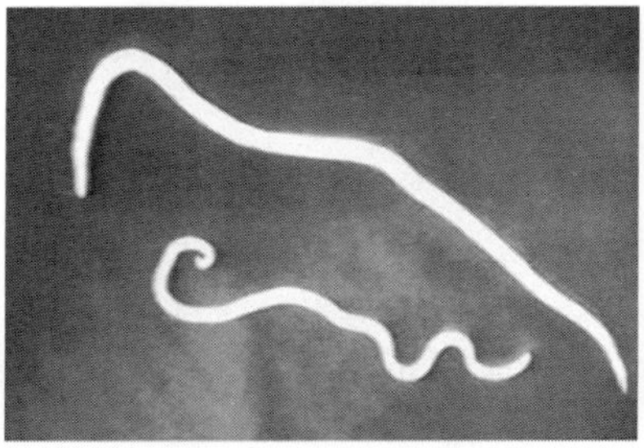

蛔虫

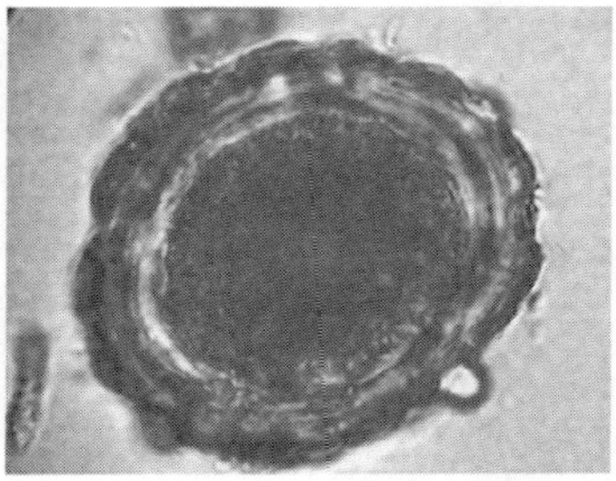

蛔虫卵

学生通过观察图片增强了对病原体的认识和理解，教师归纳病原体的概念。

2. 传染病流行的基本环节

师：传染病为什么能流行？它有哪些基本环节呢？

（展示教材中的资料。）

师：流行性感冒的病原体是什么？

生：流行性感冒病毒。

师：病原体首先存在于哪些人身上？

生：病人或病毒携带者身上。

师：流行性感冒是通过什么途径传播给健康人的？

生：空气或飞沫。

师：什么人最容易得流行性感冒？

生：老人和小孩以及身体抵抗力低的人。

（教师归纳，出示资料《流行性感冒的病征和预防》。）

师：流行性感冒流行的实现要经过几个环节呢？

学生认真阅读教材，了解传染病流行的三个基本环节，然后讨论肝炎、流行性感冒和艾滋病传播的三个环节分别是什么。

教师出示资料：传染源的概念——传染源是指能够传播病原体的人或动物；传播途径——病原体离开传染源到达健康人所经过的途径；传染病的各种传播途径和易感人群——对某种传染病缺乏免疫力而容易感染该病的人群。

（播放视频《传染病的传播和预防》《艾滋病的传播途径和预防措施》。）

3. 传染病的预防措施

师：传染病流行的三个环节中可以缺少任何一个环节吗？

生：不能。

师：在 2003 年“非典”期间，为了预防“非典”，人们采取了哪些措施？

生：各种各样的预防措施，如戴口罩、勤打扫卫生、隔离病人、服用增强免疫力的中药等。

师：以上各种方法，分别是针对传染病传染中的哪个环节考虑的？

生：以上措施分别属于控制传染源、切断传播途径和保护易感人群。

（出示资料《非典的发病症状、预防措施》，学生浏览网页学习知识并展开讨论。教师举例说明传染病预防的方法。）

师：以下是几种比较常见的传染病，请同学们分析一下这几种传染病的特点，并谈谈怎样预防肺结核。

（课件展示肺结核的有关资料。）

生：主要通过给易感人群接种预防疫苗，保护易感人群，还可以隔离病人，保护环境卫生。

（播放视频《怎样预防肺结核》。）

师：那么如何预防蛔虫病呢？

（课件出示有关蛔虫的资料，播放视频《怎样防治蛔虫病》。）

生：预防蛔虫病以搞好个人卫生和环境卫生，切断传播途径为主要措施。

（教师归纳传染病的预防方法。）

师：传染病的预防可以从三个方面着手，即控制传染源、切断传播途径和保护易感人群。传染病的预防既要采取综合性的措施，又要根据具体的病种特点和情况，抓住关键点，做到综合措施和重点措施相结合。

三、课堂拓展

播放视频《关爱艾滋病人，飘扬红色丝带》《关爱艾滋病人：多一点微笑多一点平等》《人类与传染病的斗争》，让学生对传染病和艾滋病有更加深入的了解。

四、课堂小结

师：今天，我们通过学习认识了传染病的病因、流行环节和预防措施。也了解了在日常生活中要如何预防传染病，让我们把这些知识应用到实际生活中，让自己和家人拥有健康的生活吧。

教学反思

本节课的内容较多，包括健康的概念、传染病的概念、传染病流行的三个基本环节、传染病的预防措施。怎样让学生在课堂上主动地获得这些知识，是摆在我面前的一个课题，在本节教学中，我充分利用互联网资源进行教学，取得了较好的教学效果。

（所获奖项：三等奖）

专家点评

本教案的教材分析十分到位，教学思路较清晰，对于重难点知识的把握也是可圈可点。教学过程由简入繁，层次分明，重难点突出，并且时刻注意联系学生的生活实际，激发学生的学习兴趣。此外，本教案对于学生的特点和学情的分析十分到位，选择的教学方法较合理，贴近实际，有效地提升了教学效果。教学中，教师运用网络、视频、图片等多媒体教学资源，将抽象的知识具体化，将复杂的知识生活化，丰富了学生的感性认知，便于学生理解的同时也加深了学生的记忆，教学内容全面而丰富。本课程体现了学生的主体地位，教师充当了课堂教学的组织者、学生学习的合作者和服务者，营造了一种自由、轻松的课堂氛围。小组讨论、表达交流的课程组织形式，增强了学生的合作能力和团队精神，并且对学生的语言表达能力、自信心也有一定的促进和提高。

本教案设计中的不足正如反思中所提到的，怎样让学生在课堂上主动地获得这些知识，增强学生学习的主动性和课堂参与度值得教师再思考。在以后的教学中，应充分发挥学生的主动性，提高学生收集和处理信息的能力。

（点评人：北京师范大学教育学部　闻娟）

精彩的动物世界

——“地面上的动物”教案及评析

董　妮[1]

教学背景

教学课时：1 课时

教学准备：

1. 学生：预习课文，了解家兔的相关知识；完成有动物图案的小纸片的制作；完成课前教师发的预习学案，收集有关家兔的相关信息；准备磁铁。

2. 教师：通过互联网搜索有关家兔的图片和视频资料。

教学目标

1. 了解家兔的外形及家兔的内部结构；描述家兔生殖和哺育的特点；概述哺乳动物的主要特征。

2. 通过观察家兔的内部结构图，培养分析推理能力；利用现实生活中哺乳动物之间形态特点的比较，培养从特殊到一般的概括能力。

3. 通过观察活动，培养乐于探究生命奥秘的兴趣和实事求是的科学态度。

教材分析

本节主要内容以认识地面上生活的多种多样的动物为开头，与上一节观

① 董妮，江苏省连云港市赣榆县华杰双语学校。

察形形色色的植物的教学内容相呼应。在认识多种多样的动物的内容中，主要按照地面环境的不同，选取了不同的动物种类。为了科学、全面地认识哺乳动物所具有的特征，在观察了家兔的活动后，紧接着安排了学生比较熟悉的其他哺乳动物的观察活动。这些活动的进行，为学生准确地概述哺乳动物的特征提供了很好的依据。

教学重难点

1. 观察家兔的外形及其内部结构。
2. 通过观察和比较，说出哺乳动物的主要特征。

教学方法

以探究法为主，结合讲授法、观察法、讨论法等多种教学方法，始终做到教师讲授与学生自学相结合，教师的启发与学生的观察分析、讨论归纳相结合，在师生共同探究下，使重点得以彰显，难点得以突破。

教学过程

一、情境导入

师：请将下面的动物进行归类。（用磁铁将动物纸片固定到黑板上与相应的一类动物对齐）

羊 熊猫 蜥蜴 壁虎 公鸡 蚂蚁 蝴蝶 鹅 猪 乌龟 老虎 兔子 蜜蜂 蛇

教师和学生一起分析，对错误的归类加以改正。

教师强调家禽和家畜的不同，哺乳动物的大致特点是它们全是哺乳类的，爬行类动物的大致特点是体表具角质鳞片或硬的壳，四肢短小，适于在地面爬行。

师：今天我们主要以家兔为例来探讨哺乳动物的特征。

家兔

二、新课讲授

（出示家兔的图片。）

（一）外形——体表被毛

1. 设问并自主阅读

师：兔毛的种类有哪些？有何作用？兔毛在夏秋季的变化有哪些？家兔的外形分为哪几个部分？

教师将问题投影在屏幕上之后，指导学生自主阅读教材中“家兔的外形”相关内容。学生分组讨论，找出问题的答案，并推选一名学生代表做小组陈述。

2．教师归纳总结

教师仔细聆听每个小组同学的回答后，对其中优秀的回答给予表扬和鼓励，对不足的地方给予纠正，并对以上几个问题的答案进行归纳总结。

3．教师讲授

师：兔毛中有粗毛和绒毛，绒毛有利于保温，粗毛有利于散热。家兔会随着季节的不同而换毛，到了夏季，绒毛脱落，粗毛会增多，而到了冬季，绒毛则增多，有利于保温。

家兔的外形包括头、颈、躯干、四肢、尾；兔子的前肢短小，后肢发达，有利于它跳跃式的奔跑。

（二）内部结构

1．出示人体的内部结构示意图，引出家兔的内部结构

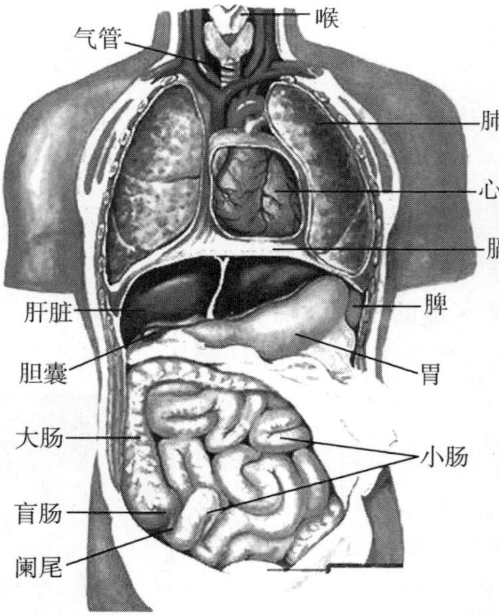

人体的内部结构

师：之前我们学习了人体的内部结构，通过回忆人体的内部结构，同学们猜想一下，家兔的膈将其体腔分为了哪两个部分，每个腔内又分别有哪些器官。（学生分组讨论，得出结论）

2. 出示家兔的内部结构示意图

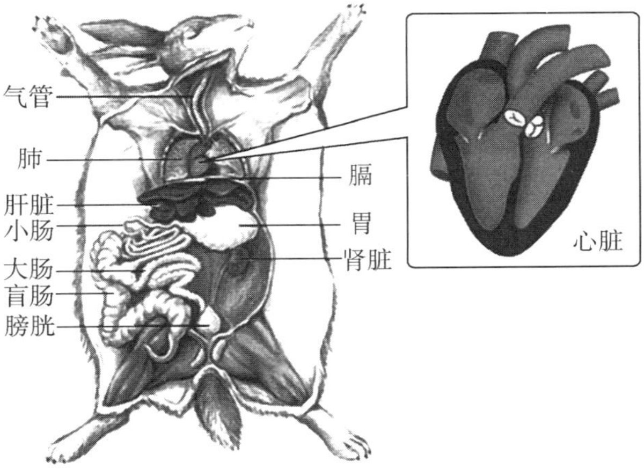

家兔的内部结构

学生自主阅读教材中关于家兔的内部结构的内容，思考并分析问题，然后小组讨论，选出代表陈述。

生：家兔的内部结构分为颅腔和体腔；体腔又由膈分为胸腔和腹腔两部分。胸腔中的器官为心脏，心脏有四腔，因此其血液循环和输送氧气的能力较强。

师：（补充）因为哺乳动物的心脏有四腔，它输送氧气的能力越强，机体的呼吸作用产生的热量也越多，这样有利于维持体温的恒定，所以家兔属于恒温动物。

生：腹腔中的器官有肝脏、胃、小肠、盲肠。肝脏可分泌胆汁，用以消化脂肪；胃有暂时贮存食物的作用；小肠是消化食物的主要场所；家兔的盲肠较粗大，其结构与消化植物性食物相适应。（兔子的盲肠和人的盲肠存在不同，区别在于人的盲肠更短小）

3. 母兔的生殖和哺育

师：在学习人体的内部结构时，我们讲到过，女性的盆腔中除了膀胱、直肠外，还有卵巢、子宫等器官。那么母兔的生殖器官也包含这些结构吗？

生：应该有吧……

师：人类属于哺乳动物，人的生殖方式是胎生，哺育方式是用乳汁哺育后代。家兔也是哺乳动物，那么家兔的生殖和哺育方式是什么呢？

生：家兔的生殖、哺育方式应该像人类一样都是胎生、哺乳。

师：让我们通过下面的视频来看看家兔的生殖和哺育方式。

（播放视频《母兔分娩》和《小兔吃奶》。）

师：大家观看视频后想一想，这样的生殖和哺乳方式对家兔的生存具有哪些意义？

生：由于胎生和哺乳能使幼兔得到母兔的照顾，因此大大提高了哺乳动物的成活率。

教师引导学生由哺乳动物的胎生过程，想到做母亲的不易，引发学生联想到母亲的伟大，引导学生每年在自己生日的时候，都不要忘记这一天是母亲一生中最苦难的日子，要知道体贴和爱护自己的母亲。

4. 哺乳动物的特征

师：通过对家兔的学习，你能总结出哺乳动物的特征吗？

（出示其他哺乳动物的图片。）

狗

狗，具有敏锐的听觉和嗅觉，属于哺乳动物，是恒温动物。

考拉

考拉，澳大利亚特有的动物，柔软的绒毛，憨厚天真的眼神，滑稽笨拙的动作，像是摆在玩具店里的毛公仔，奇趣又可爱，被誉为“世界上最可爱的动物”“从童话里走出来的动物”，属于哺乳动物，是恒温动物。

河马

河马，淡水物种中的最大型杂食性哺乳类动物，是生物分类法里河马科中的两个延伸物种中的其中一个（另一个是倭河马）。原来遍布在非洲所有深水的河流与溪流中，现在的生存范围已缩小，主要居住在非洲热带的河流间。它们喜欢栖息在河流附近的沼泽地和有芦苇的地方。生活中的觅食、交配、产仔、哺乳也均在水中进行，是世界上嘴巴最大的陆生哺乳动物。

袋鼠

袋鼠，原产于澳大利亚大陆和巴布亚新几内亚的部分地区，其中有些种类为澳大利亚独有。不同种类的袋鼠在澳大利亚各种不同的自然环境中生活，从凉性气候的雨林和沙漠平原到热带地区。

学生总结哺乳动物的特征：体表被毛、运动迅速、恒温、哺乳、有膈。

三、课堂小结

本节课主要通过家兔的主要特征来探讨哺乳动物的主要特征，哺乳动物的主要特征是本节课的学习重点，课后请学生根据哺乳动物的主要特征来总结爬行动物的特征。

教学反思

本节课重视发挥学生的主动性。在开始上课时，让学生通过自主学习教材内容，找出相关知识点；接下来提供互动思路，引导学生自己主动探究，了解学生的掌握情况，遵循了以学生为主体，教师为主导的教学原则。

本节课的缺点：对学生的放手力度略有不足，总担心学生学不会，吃不透，教师主导的环节依然偏多，以后应更着重锻炼学生自主学习和合作探究的能力。另外，本节课学生的活动安排不足，如果能让学生亲自观察解剖家兔的实验，估计效果会更好，但也比较费时间，课堂上不容易掌控。

（所获奖项：三等奖）

专家点评

本教案的一大亮点是对课程的整体把握，以及本节知识与旧知识的结合。课程由复习回顾导入，充分利用旧知识，并把人体内部器官和家兔内部器官进行比较，有利于学生对新知识的掌握和对旧知识的巩固记忆，并建立起新旧知识之间的联系，形成了较完整的知识体系结构。另外，课堂中对多媒体资源的广泛应用，让学生有了直观的感受，有利于增强学生对知识的理解和掌握，使课程内容丰富多彩。

但是，教案还存在一些不足之处，正如反思中所提到的，对学生的放手力度不够，教师干预过多，导致学生的课堂参与度降低，学生的主体地位体现得不够。在教学中，教师要充分发挥小组协作学习的优势，采用小组合作、讨论交流的教学组织形式，有利于调动学生的学习积极性，培养学生分析问题、协调合作、表达交流的能力，营造主动和自主学习的氛围，活跃课堂气氛，提升学习效果。同时，教师应充分发挥学生的主动性，如让学生收集视频、图片等信息资源，也有利于提高学生收集和处理信息的能力。

（点评人：北京师范大学教育学部　闻娟）

解读动物的行为

——“动物的行为”教案及评析

赵夕珍[1]

教学背景

教学课时：1课时

教学准备：

1. 学生：通过互联网收集与动物行为相关的图片、视频和资料。

2. 教师：利用互联网搜索与教学内容有关的图片、视频及文字资料；制作多媒体课件。

教学目标

1. 说出动物行为有哪些类型以及对动物所起的作用；区别动物的先天性行为和学习行为。

2. 通过对动物各种行为的学习，培养探究自然界奥秘的能力；逐步培养交流合作和分析处理资料的能力。

3. 了解动物的行为，树立正确的保护动物的态度和价值观。

教材分析

动物的行为是动物为了适应其生活环境所表现出来的各种活动。教材首先简要介绍了动物的觅食行为、争斗行为、防御行为、繁殖行为和社群行为等，根据动物行为的获得方式，动物的行为又可以分为“先天性行为”“后

① 赵夕珍，江苏省镇江新区大港中学。

天性行为”。另外，教材还简要介绍了动物行为的特点以及动物行为对动物生存和发展的意义。

教学重难点

1. 观察动物的几种行为类型；能区别动物的先天性行为和后天性行为。

2. 区别动物的先天性行为和后天性行为。

教学方法

启发式教学法、探究实验法、问题讨论法。

本节采用探究、观察、对比、分析、归纳的学习方法，引导学生获取知识，通过思考讨论，总结归纳出相关知识。

教学过程

一、导入新课

1. 教师课前准备一些有关动物行为的视频。上课时，先演示视频，并根据视频的内容，设计一些问题，由此引入新课。

【设计意图】让学生带着问题进入新课的学习。

师：同学们，通过观看视频，你们知道什么是动物的行为了吗？大家能试着就刚才视频中的内容提出一些问题吗？

【设计意图】创设一种问题情境，激发学生的学习欲望。

2. 引导学生阐述对动物行为的认识和体会。

二、学习新课

1. 播放视频《狮兄弟为争夺异性交配权展开决斗》，启发学生说出对动物行为的理解。

2. 引导学生进行小组活动。

（1）浏览信息库中的相关内容，体会动物各种行为的特点。

（2）自己在预习本课时提出了哪些问题，可以在小组中进行交流，并针对共同感兴趣的问题进行讨论。

学生提出问题，并带着问题透彻地阅读课文，认真思考自己是否理解书中动物的各种行为的概念及其意义。思考生活中有没有类似的情况发生，并随手记下自己的感想。

3. 初步探究问题。

(1) 交流阅读教材时想到的问题，针对问题进行讨论。

(2) 补充各种动物行为的例子。

(3) 讨论各种动物行为的概念及其对动物的意义。

【设计意图】通过小组交流，初步了解动物行为，并带着问题进入下一环节的学习，此为存疑阶段。

三、引导探究

(一) 深层探究活动——剖析动物的行为

1. 教师播放视频《自然传奇：揭秘动物行为》，引导学生用自己的语言描述对各种动物行为的认识。如果学生讲得很透彻，教师则无须重复，只补充学生认识上的不足即可，也可以由其他学生做补充。

2. 教师倾听学生的发言，着重分析繁殖行为对生物生存的意义，将争斗行为和防御行为进行对比，研究其对物种延续的意义。

3. 推荐代表汇报小组讨论结果，介绍本组列举出的与教材上所举例子不同的动物行为，着重说明对各种行为的理解，并提出新的问题。

4. 制作"动物行为"知识体系结构图。

【设计意图】通过小组讨论，合作完成知识体系构建等环节的学习，培养学生的团队精神，这是质疑阶段。

(二) 区别先天性行为和学习行为

师：动物的行为多种多样，从动物行为的获得过程来看，可以分为先天性行为和后天性行为两大类。

(教师播放视频《动物的学习行为》。)

师：这几种动物行为，哪些是先天性行为？哪些是后天性行为？动物的后天性行为是通过学习获得的，那么，不同动物的学习能力有差异吗？

生：先天性行为是动物的一种本能，是生来就有的，是由动物的遗传物质所决定的一种行为。后天性行为则是动物在遗传因素的基础上，通过环境因素的作用，由生活经验和学习获得的，所以又叫作学习行为。动物越高等，学习能力就越强，表现出的动物行为也就越复杂多样。学习行为能够使动物更好地适应千变万化的外界环境。

【设计意图】通过观看几种动物的行为的视频，调动学生学习的兴趣，有助于学生迅速总结出动物行为的类型，此为释疑阶段。

四、布置作业

1. 选择题

(1) 下列动物行为中，属于争斗行为的是（　　）。

A. 两只雄象海豹为争夺一只雌象海豹而争斗

B. 一条蛇追击一只青蛙

C. 一只鹰捕食一只飞行的小鸟

D. 螃蟹举起螯钳反击天敌的进攻

(2) 下列行为中，属于先天性行为的是（　　）。

A. 蚂蚁走迷宫　　B. 母鸡哺育小鸡

B. 山雀偷饮牛奶　　D. 黑猩猩学人写字

(3) 动物具有学习能力，这有利于（　　）。

A. 找到食物　　B. 逃避敌害

B. 找到配偶　　D. 适应复杂的生活环境

(4) “穿花蛱蝶深深见，点水蜻蜓款款飞”这句诗中分别描述了蛱蝶、蜻蜓的（　　）。

A. 觅食行为，觅食行为

B. 繁殖行为，防御行为

C. 觅食行为，繁殖行为

D. 争斗行为，繁殖行为

(5) 下列关于蜘蛛结网行为的叙述中，不正确的是（　　）。

A. 是先天具有的本能

B. 是小蜘蛛向大蜘蛛学习来的

C. 由身体里的遗传物质所控制的

D. 属于先天性行为

(6) 下列选项中，不属于动物行为的是（　　）。

A. 鸟类筑巢　　B. 小猴走钢丝

C. 公鸡报晓　　D. 小羊呼吸

2. 连连看

(1) 孔雀开屏　　A. 争斗行为

(2) 乌贼喷墨　　B. 觅食行为

（3）蜘蛛结网捕食　　　　　　C. 繁殖行为
（4）两只狗为争夺骨头打架　　D. 社群行为
（5）蜂群中的蜂有不同的职责　E. 防御行为

教学反思

在科技高速发展的今天，中学生接触和获得社会公共信息的渠道越来越广，学生对丰富多彩的课外信息也特别感兴趣，所以在课堂教学过程中将课内信息与课外信息进行恰当的融合实为重要。在课堂教学中，我鼓励学生利用身边的图书、报刊、网络等媒介，培养学习能力，经历全新的情感体验，学会正确识别、评判所得信息的方法。学生分组收集有关动物行为的各种信息（包括观察记录和资料信息），并利用互联网查找动物的行为的有关资料、图片以备课堂交流讨论，锻炼了合作探究的能力。

时代要求教师勇于创新，大胆实践，探索更加适合学生的学习方法和教学方法。我也将继续努力，融入新课程改革的洪流中，为新课程改革献计献策。

（所获奖项：三等奖）

专家点评

本教案对该教材内容分析十分到位，对于教学重难点的把握和教学方法的选择也很恰当。教学过程中，教师时刻以问题作为引导，层层设疑，引导学生进行思考和讨论，体现了教师作为课程组织者和引导者的角色，激发了学生的学习兴趣，让学生带着疑问来学习，提高了学习的主动性，提升了教学效果。

小组合作、讨论交流的教学组织形式有利于调动学生的学习积极性，加深学生对知识的辨析、理解和掌握，同时增强学生的合作能力，培养学生的团队合作精神以及责任意识，活跃课堂气氛，达到良好的教学效果。本课教学的一大亮点就是充分体现了学生的主体地位，让学生自主收集有关动物行为的各种信息（包括观察记录和资料信息），并利用互联网查找动物行为的有关资料、图片，培养学生的自主学习能力、提取信息的能力以及自主发现问题、解决问题的能力，也使学生有了全新的情感体验。

本教案也存在一些不足。在网络学习环境下，初中生的自控能力还不够强，对于庞杂的网络信息的甄别能力还不够，教师怎样能够保证学生搜索信息的效率，避免学生观看和学习无关的网络信息呢？在信息搜索方面，教师有必要给予学生适当的指导，提高学生的学习效率和信息搜索能力。

（点评人：北京师范大学教育学部　闻娟）

动物如何运动

——“动物的运动”教案及评析

吕艳华[①]

教学背景

课时：1课时

教学准备：

1. 学生：预习新课。

2. 教师：通过互联网搜索相关图片和视频；制作多媒体课件；准备一小块羊的关节。

教学目标

1. 列举动物多种多样的运动方式；观察某种脊椎动物的肌肉、骨骼、关节的基本结构，说明动物的运动依赖于一定的生理结构。

2. 通过实验观察，培养观察能力和乐于探索生命奥秘的兴趣。

3. 认同动物结构与功能的统一性。

教材分析

对于“动物的运动”这部分内容学生已拥有丰富的生活经验和感性认识，学习时所遇到的困难不会太多。另外，学生通过学习运动系统组成的知识，能揭示动物运动的本质，巩固和理解动物适应生存环境的重要意义，同时，本节内容也是后面学习动物行为的基础。因此，通过本节知识的学习，可以达到进一步培养学生关爱生命、追求健康生活方式的目的。

① 吕艳华，山东省潍坊市昌乐县实验中学。

教学重难点

1. 动物的运动依赖于一定的基础。

2. 骨骼肌受到刺激时的收缩特性。

教学方法

比较法、启发式教学法。

教学过程

一、情境导入

（教师出示动物运动的图片。）

师：能运动是动物和植物最大的区别，为什么植物不能运动？动物是如何运动的呢？

【设计意图】采用设疑、激趣法创设情境，有效地激发学生的学习兴趣，活跃课堂气氛，使学生在轻松愉悦的情境中进入探究新知阶段。

二、知识构建

知识点一：运动的方式

播放视频《动物的运动方式》，引导学生自主学习，说出动物的主要运动方式和运动的意义，进而引出“运动的基础”这个主题。

知识点二：运动的基础

1. 骨连结是此处的难点，向学生展示不同骨连结的图片，让学生理解骨连结的结构特点。

【设计意图】教师创设活动，让学生主动参与教学，用已知同化未知，用旧知同化新知，真正做到让学生动起来，让学生活起来。

2. 关节的结构是本节课学习的重点和难点，运用实验的方法，通过解剖羊的关节，教师层层设疑，引导学生观察和思考。

问题如下：

（1）关节是怎样形成的？

（2）为什么关节能够既牢固又灵活？

（3）关节在运动中起什么作用？

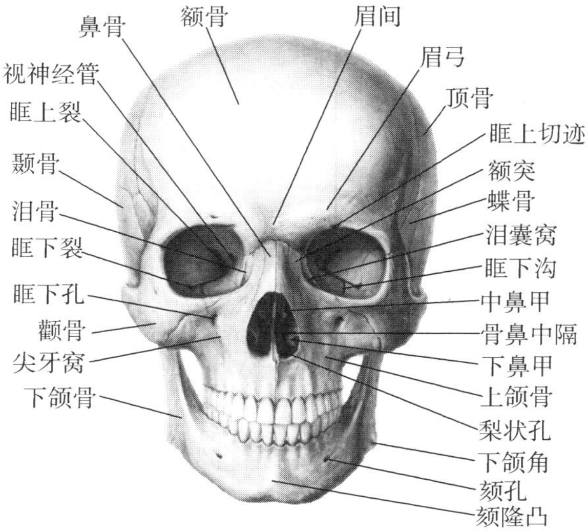

不活动的骨连结——颅骨

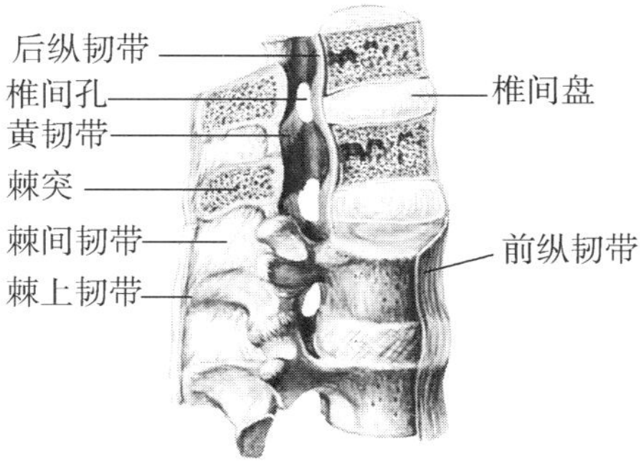

半活动的骨连结——椎骨

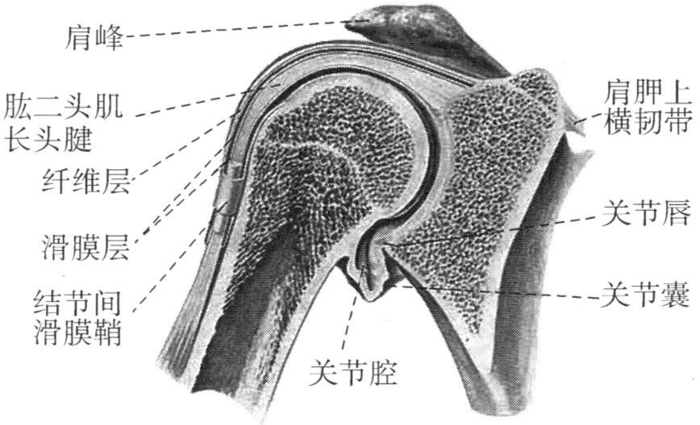

活动的骨连结——肩关节

在实验的过程中，教师细化问题，引导学生认真观察解剖羊的关节，细化问题如下。

（1）包在关节外的白色结构是什么，感受其坚韧性。

（2）剪开关节囊，观察韧带，用剪刀剪开韧带，感受它的坚韧性。

（3）找出关节头和关节窝，观察它们的形状以及骨面的颜色。

（4）摸摸关节腔内的滑液。

（5）用关节囊将关节头和关节窝重新包裹起来，找出关节腔。

最后，通过课本中的关节示意图，师生共同交流，总结出关节中与灵活性和牢固性相适应的结构。

【设计意图】“关节的结构”是本节课的重点和难点，首先充分利用生物实验的研究功能，为学生提供鲜明的感性材料，增强教学的直观性，然后通过师生讨论、启发的方式进行讲解，让学生知其然也知其所以然，真正扫除疑难，体现了生物学科的教学特点，实现了教学方式和学习方式的根本转变。

3. 出示“给我一个支点，我可以撬起整个地球”的图片，通过关于杠杆、支点、动力的比喻引出骨骼肌的概念，然后通过图片让学生自主构建知识，此处改变了教学顺序，将骨骼肌特性的问题提到前面来探究，以使学生对骨骼肌能有整体的认识。“骨骼肌的特性”是此处的难点，应联系生活实际，提出问题：

给我一个支点，我可以撬起整个地球

（1）是什么刺激了骨骼肌?

（2）骨骼肌受到刺激后，在长度上有何变化?

师（设疑）：为什么即使教师没用电流刺激你，你的肌肉也会收缩舒张呢？这个刺激来自哪里?

（通过设定的问题让学生真正感受骨骼肌收缩的特性。）

【设计意图】“骨骼肌的特性”是此处的难点，因此，课上灵活运用教材，结合具有启发性的问题对学生进行点拨，真正实现了“教师主导—学生主体”的有效融合。

知识点三：运动的实现

（教师出示屈肘和伸肘图片。）

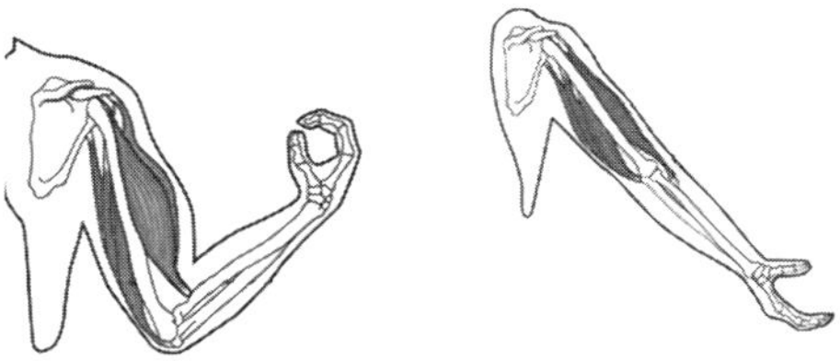

屈肘和伸肘

引导学生在做屈肘和伸肘的动作时，直观感受肱二头肌和肱三头肌的变化，有效地易化难点。

三、归纳小结

让学生用"知识树"的形式梳理知识体系，以使学生对知识有整体的认识。

四、课外拓展

将所学知识与生活实际有机地结合起来，充分体现"学以致用"的思想，另外，将生物助学很好地运用到教学中来，充分利用课程资源。

教学反思

在本课教学中，我运用"三为主，五环节"的课堂教学模式，不断创设问题情境，设计探究问题，并引导学生感知情境，主动探究，学生最终通过观察比较得出结论。同时，我借助多媒体辅助教学适时点拨，运用生物助学落实巩固知识，充分开发了课程资源。

（所获奖项：三等奖）

专家点评

本教案对七年级学生的认知特点分析得十分到位，教案思路清晰，教师对教学重难点的把握和教学方法的选择也很恰当。"解剖羊的关节"探究演示实验，激发了学生的学习兴趣，加深了学生对知识的理解和掌握，并提高了学生的逻辑思维能力。学生基于对实验现象的观察和对比分析，归纳总结出知识点，培养了分析问题、解决问题的能力。本教案的一大亮点是，让学生通过亲身经历，在做屈肘和伸肘的动作中，直观感受肱二头肌和肱三头肌的变化，有效地易化了难点，让学生形成了更加深刻的认知，也让学生意识到生物学科与生活的紧密联系，从而激发了学生的学习积极性。

本教案也存在着一些不足，整个教学过程中，学生自己动手，应用网络搜索信息、提取和加工信息的过程很少。在以后的教学中应充分发挥学生的主动性，提高学生收集和处理信息的能力。

（点评人：北京师范大学教育学部　闻娟）

如何识别动植物

——“尝试对生物进行分类”教案及评析

徐　静[1]

教学背景

课时：2 课时

教学准备：

1. 学生：预习教材中的两个活动，并做出相应的分类。

2. 教师：通过互联网搜索相关课件和资料。

教学目标

1. 能列举植物与动物的主要类群，知道分类的基本单位，并概述生物分类的依据和意义。

2. 通过观赏与思考，提升语言表达能力、合作能力和归纳能力，同时培养爱护动植物的情感。

教材分析

本章的内容主要是让学生认识和保护生物的多样性，所以必须让学生了解形形色色的生物，认识生物的主要类群，并根据一定的特征对植物和动物进行分类，这是认识生物多样性的基础。本节主要是通过对动植物图片的观察、分析、讨论以及技能训练，引导学生学习分类的一般方法，由于分类涉及的知识面很广，特别是对形态学知识的要求很高，属于专业技能，超越了

[1] 徐静，重庆市石柱中学校。

义务教育阶段生物课程的培养目标，因此，本节课只让学生体验分类的方法，而无需对生物进行种和属的鉴别。

教学重难点

1. 根据动植物的特征对动植物进行分类。
2. 归纳植物与动物的所有类群。

教学方法

讲授法、归纳法、分组讨论法、角色扮演法。

教学过程

第 1 课时

一、情境导入

师：同学们，老师在讲台前面摆放了很多书（故意提前在讲台上乱放若干本书），每次我要找资料都是一件麻烦的事，那么怎样把它们分开放，让我容易找到需要的书呢？谁愿意帮帮我呢？

（学生纷纷举手。）

教师随意找两位学生上台对书本进行整理。此时，其他学生也在七嘴八舌地表达自己的建议，上台的学生很快就把书分成了几个小堆，教师及时点评。

师：你们做得很好，对电脑类教科书、资料练习册、杂志等都进行了分门别类，做得真好，这样我就很容易找到我所需要的书了。

学生聚精会神地听讲，教师及时抓住学生的求知欲，及时提醒学生本节将进行对菜粉蝶的研究。

师：针对本课学习内容你们会选择哪本书呢？

生：《蝴蝶》。

在学生已经有分类意识的基础上，教师出示问题。

（1）分类的目的是什么？

（2）分类的依据是什么？

（3）分类的基本单位是什么？

学生分组并讨论。学生分组学习，可以展开讨论，请代表发言。在学生阅读教材和讨论的过程中，教师做个别指导。

师生共同小结。生物分类主要是根据生物的相似程度把生物划分为种和属等不同的等级，并对每一类群的形态结构等特征进行科学的描述，以弄清不同类群间的亲缘关系和进化关系。分类的依据是生物在形态结构等方面的特征，分类的基本单位是种。

二、对植物进行分类

教师出示一部分有代表性的植物的图片。

玉米

向日葵

油松

肾蕨

葫芦藓

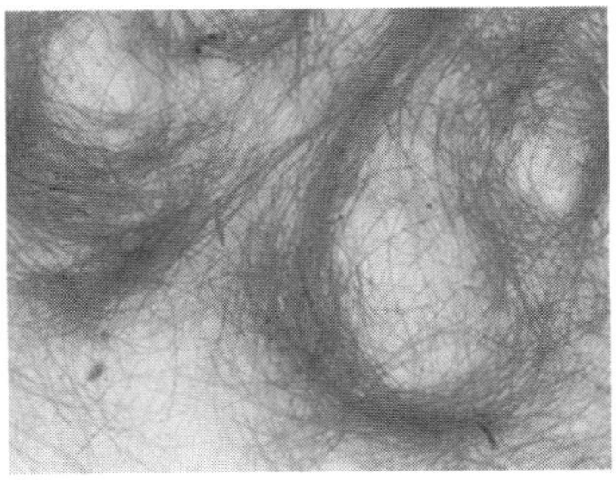

水绵

1. 学生认真观察，了解植物根据不同的形态特征进行分类的观点。

2. 分组讨论，积极思考，体验合作学习的乐趣。

教师选取有代表性的植物进行阐述，并通过展示 PPT 引导学生共同小结，同时帮助所有学生完成第一个活动。

3. 课件展示。

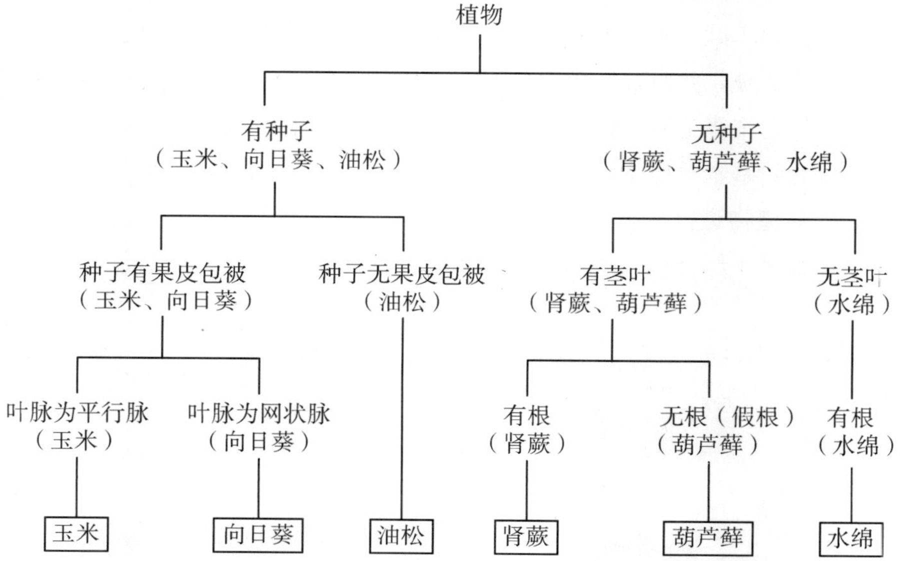

4. 归纳小结（师生可以共同完成）。

（1）植物分类的依据是其形态结构特征。

（2）植物进化的历程：从水生到陆生、从简单到复杂、从低等到高等。

（3）植物类群的亲缘关系（进化历程）。

课件出示植物的进化历程：

藻类植物⟶苔藓植物⟶蕨类植物⟶裸子植物⟶被子植物

第 2 课时

一、复习旧知

学生通过上一节课的学习，对植物的分类已经有了一定的认识。此时，请 5 名同学上台，分别代表花生、玉米、大豆、菜豆、松子五种果实，再找一位同学帮这五种果实找一找自己的家。

单子叶植物的家　　双子叶植物的家　　裸子植物的家

学生独立完成或经过合作完成以后，教师做简短的小结，并引入本节课的新内容。

二、对动物进行分类

教师出示动物图片。

蚯蚓

蜜蜂

蜘蛛

鱼

青蛙

蟾蜍

壁虎

蜥蜴

鸟

猫

虎

让学生观察部分动物图片，并组织以下活动。

1. 探究性地让学生找出动物分类的依据。

2. 结合部分讨论题，帮助学生完成分类。

(1) 如果将这些动物分成两类，可分为哪两类？

(2) 再将每类动物进行分类，可以分为哪几类？每类中包含哪些动物？

(3) 通过分类我们能否确定动物之间的亲缘关系或进化关系？

(4) 总结动物与植物分类的依据的异同。

3. 利用学生的求知欲让学生进行大胆猜想，选取做得好的学生作业放在展示台上，请全班同学观摩。

(课件展示。)

- 动物
  - 无脊椎
    - 蚯蚓 ---------- 环节动物
    - 蜜蜂、蜘蛛 ---------- 节肢动物
  - 脊椎
    - 鱼 ---------- 鱼类
    - 青蛙、蟾蜍 ---------- 两栖类
    - 壁虎、蜥蜴 ---------- 爬行类
    - 鸟 ---------- 鸟类
    - 猫、虎 ---------- 哺乳类

4. 师生共同小结。

(1) 动物的分类依据：动物的分类不仅要依据其形态结构，还要依据其内部构造和生理功能。

(2) 动物进化的规律：从水生到陆生、从简单到复杂、从低等到高等。

(3) 动物中的进化关系（出示课件）：

原生动物—腔肠动物—扁形动物—线形动物—环节动物—软体动物—节肢动物—脊椎动物。

三、课堂练习

1. 对生物进行分类的依据是____________、____________等方面的特征，分类的基本单位是____________。

2. 在被子植物中，________、________、________往往会被作为分类的重要依据。

3. 植物的主要类群包括______、______、______、______、______。

4. 脊椎动物的种类包括________、________、________、________、________。

四、作业

仿照动植物的分类方法，把自己的书或家里的厨房用品进行分类。

教学反思

1. 本节课主要是让学生通过活动、思考、观察、讨论、分析等，对植物和动物进行分类，进而学习分类方法。在指导学生分类时，我给学生提供了一些讨论题，实际上是给学生提供思路和线索，从多个角度培养学生的发散思维能力、交流表达能力以及归纳总结能力。在教学过程中我并没有做过多的干预，而是鼓励、引导学生从中选出更科学、合理的分类方法。

2. 本节课的教学目标在于让学生尝试根据动植物的特征进行分类，能举出主要类群就可以了，而不需要对动植物的种和属进行区分和鉴定。我严格把握教材的深度，并及时给予必要的指导。

3. 相信通过猜想，以及自主探究等形式的学习，学生能从中体会到学习的乐趣，提高归纳总结能力，增强与同学之间的协作和交流，同时在情感教育方面达到新的共识，这也是素质教育的主旨所在。

（所获奖项：三等奖）

专家点评

本教案设计思路较为清晰，对该课程的教材分析和重难点的把握也非常到位。课程设计充分体现了学生的主体地位，教师则是整个过程的引导者。通过对动植物图片的观察、分析、讨论以及技能训练，引导学生学习分类的一般方法，并且运用情境导入、角色扮演互动等方式激发了学生的学习兴趣，并能够保持学生的学习兴趣，时时刻刻都体现着新课程的理念。小组合作、讨论交流的形式可以增强学生的合作能力，培养学生的团队合作精神，并且可以活跃课堂气氛，提高学习效果。本教案的一大亮点是，采取角色扮演的课堂组织形式，让学生对所学知识进行复习，表现方式生动活泼，具有趣味性，极大地提高了学生的主动性，也有助于学生对所学知识的理解和记忆，有助于激发学生学习的积极性。此外，及时的课堂练习也有助于学生巩固知识，对于学生迷惑不解的知识可以及时做出反馈，有助于学生更深层次的理解。

但是，本教案也存在着一些不足。如整个课程都是由教师来搜索和提供视频、图片等资料，缺乏学生自己动手参与应用信息网络搜索信息、提取和加工信息的环节。在以后的教学中，应充分发挥学生的主动性，这样才有利于提高学生收集和处理信息的能力。

（点评人：北京师范大学教育学部　闻娟）

动植物细胞长什么样

——“观察动植物细胞的结构”教案及评析

王盈盈[①]

教学背景

课时：1 课时

教学准备：

1. 学生：收集有关动植物细胞结构的资料；自主预习（带来自主上网搜索的动植物细胞的结构图与同学们展示、交流）；自愿准备感兴趣、可观察的植物材料，如洋葱、成熟的番茄、黄瓜等；3H 铅笔；绘图纸；上课前漱口。

2. 教师：多媒体投影设备、教学课件，网上搜索的相关资料；显微镜、稀碘液、生理盐水、清水、消毒牙签、镊子、滴管、纱布、吸水纸、载玻片、盖玻片、洋葱鳞片叶；实验示范录像；有关动植物细胞结构的多媒体动画图片。

教学目标

1. 尝试制作临时装片标本，并用显微镜观察装片；能识别细胞的基本结构；能区别动植物细胞结构的不同。

2. 培养提出问题、解决问题的能力，以及动手操作的能力和小组合作的能力。

3. 培养操作生物实验时实事求是的科学态度。

① 王盈盈，山东省潍坊市高新实验学校。

教材分析

本节课的内容主要是通过“观察动植物细胞的结构”阐明细胞是生命体的基本结构和功能单位。学习生物学，自然要了解生物体的基本结构，而且，几乎所有的生物都是由细胞组成的。构成生物体的细胞都十分微小，需借助显微镜才能看清它们的结构。所以本节课既是对上一节课“显微镜的构造和使用”的延伸和巩固，又为后面对“细胞的分裂和分化”的学习打下了良好的基础。这节课旨在利用多媒体和实验使学生认识到细胞是生物体的基本结构和功能单位，并通过实验探究动植物细胞的基本结构。

教学重难点

1. 观察动植物细胞结构的实验；了解动植物细胞的基本结构及区别。
2. 归纳总结一般细胞的共同结构和动植物细胞之间的区别。

教学方法

多媒体教学法、小组合作探究法、小组竞赛法、启发式教学法。

教学过程

一、导入新课

教师请学生观看单细胞生物的图片，并让学生说说这些生物是由什么构成的。

(学生充分发言。)

师：(引导总结) 大多数生物是由多细胞构成的，被称为多细胞生物。无论是单细胞生物还是多细胞生物，都是由细胞构成的，所以生物体结构和功能的基本单位是细胞。所有的细胞都十分微小，在我们皮肤的表面，每平方厘米就存在成千上万个细胞。那么细胞结构究竟是怎样的呢？我们必须借助显微镜才能探究细胞的奥秘。

师：通过课前预习及互联网搜索，大家已经对细胞的结构有了一定的了解，现在，请同学们给大家展示一下自己收集的图片和有关细胞的资料，时间在 5 分钟之内，最后我们会评出优秀小组。

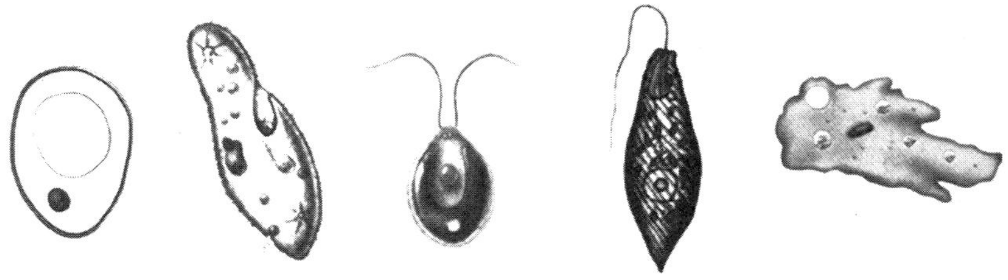

单细胞生物

二、学习新课

（一）自主学习，发现问题

1. 制作临时装片的实验。

在做实验前，先用课件出示实验的目的、要求及材料用具和方法步骤。把全班同学分成 8 个小组，制作临时装片。

2. 让学生阅读完实验步骤后，把心中的疑惑提出来，并查阅资料回答其他小组提出的问题。提出问题和解答问题都可以获得一颗五角星，最后，由小组记录员评选出优胜组。

（1）为什么要用洁净的纱布把载玻片和盖玻片擦拭干净？

（2）为什么制作洋葱表皮细胞装片时在载玻片的中央滴一滴清水，而制作人体口腔上皮细胞涂片时却滴生理盐水？

（3）为什么要把洋葱鳞片叶向内折断？

（4）为什么要用凉开水漱口？

（5）为什么盖盖玻片时，要用镊子夹起盖玻片，使它的一边先接触载玻片上的液滴，然后缓缓放平？

（6）为什么要把洋葱鳞片叶内表皮在水滴中展平？

（7）为什么要滴加碘液？

（8）为什么要染色？

（二）合作探究，明确分工

1. 各组同学分别查阅资料，讨论并解答对方组提出的问题。教师针对学生的回答给予评价和指导。

教师提问题：实验时，如何区分细胞跟气泡？请同学们在实验过程中寻找答案。小组讨论总结出制作临时装片步骤的简单方法。

小组展示。

植物细胞：擦—滴—撕—展—盖—染。

动物细胞：擦—滴—刮—涂—盖—染。

2. 学生观看《制作动植物细胞临时装片步骤》的视频，教师精讲点拨实验小技巧。做实验时要求学生思考在实验过程中没有解决的问题，并注意对实验方法的选择，然后查阅相关资料、讨论解答问题。

（三）小组合作，完成操作

1. 把制作好的临时装片放在显微镜下观察，找到清晰的细胞，仔细观察细胞各部分的结构。观察过程中，教师帮助学生学会区分细胞和气泡。

观察临时装片时，由于学生是第一次在显微镜下观察细胞，教师可以利用模型、课件或挂图展示细胞的真实图像，以提升学生的观察效果。

2. 选择视野中最清晰的一个细胞，在方框内画出来，并标注出细胞各结构的名称。

（四）交流表达，互相解答

1. 小组展示交流。

（1）学生利用投影仪展示自己绘制的动植物细胞结构图，并介绍动植物细胞的结构。

（2）交流小组观察的效果及优点和缺点各是什么？分析出现问题的原因（如有气泡、污点，染色技巧不成熟等）。

（3）思考自己的改进措施。由其他小组同学帮助发言的小组找到克服缺点的方法。

2. 对比实验。观察完图像后想一想，人的口腔上皮细胞与洋葱表皮细胞的基础结构分别是什么，并比较它们的异同。根据观看到的以及分析大家画完的动植物细胞图，总结生物图形的科学画法，即用削尖的铅笔（一般用3H），在图纸上真实地画出所观察到的图形，在画的过程中应注意以下几点。

（1）图形的大小、位置要合适。

（2）较暗部分用细密的点表示。

（3）标注名称时，一般在图的右侧引出水平指示线。

（4）一般在图的下方写出所画结构的名称。

（五）知识拓展，感情延伸

1. 课件展示“植物王国”中最大的植物细胞及当今生物实验方法的改进的相关知识。

2. 生物实验是不断发展的，实验方法是可以不断改进的，教导学生应用发展的眼光看问题。感兴趣的同学可以利用课余时间上网搜集相关资料。

三、课堂小结

师：学习本节课后，你都有哪些收获，请写下来。

要求：语言简练、内容全面，其他同学给予适当补充。

四、课后提升

以《第一次走进微观世界的感受》为题，绘制《生物实验报》，附上自己的绘图，可以张贴在教室后的展示栏上和其他同学一比高下。

师：你还想用显微镜了解微观世界吗？实验室为你敞开，互联网为你提供了最好的拓展视野的平台，赶快行动吧！

教学反思

对于七年级的学生来说，生物学是一门新学科。生物学中很多的微生物是学生们用肉眼看不到的，这时候多媒体教学可以起到很好的作用，它能使抽象知识直观化、具体化。本节课充分利用互联网，让学生通过互联网进行课前自主预习，在课堂上，通过多媒体让同学们展示交流，培养学生自主学习的能力、提取信息的能力、自主发现问题和解决问题的能力。互联网使教师们实现了资源共享，从中找到大量形象的资料和动画，使课堂更生动、形象，学生参与度高了，喜欢上了这样的课堂，自然就提高了课堂学习的效率。

通过学生课前预习、自主学习实验步骤，发现问题并互相解答问题，不仅培养了学生利用互联网自主上网学习的能力，发现问题、解决问题的能力，也拓展了学生的视野。小组展示让学生的语言表达能力得到了锻炼，学会了用生物学术语解答问题，渗透了情感态度和价值观方面的培养。本课通过微观知识的教学和一些隐藏的悬念，如“生物是由细胞构成的”“细胞的观察与画法”等，培养了学生探索微观世界的兴趣，培养了学生做生物实验时的科学态度和实事求是的态度。

培养学生的生物科学探究能力，是生物学的重要目标之一，所以科学探究在教学过程中显得尤为重要。刚入初中，学生的学习尚未进入正轨，尚未养成良好的学习习惯和合作探究精神，教师在以后的教学中要在这一方面狠下功夫，教学过程要环环相扣，让学生养成良好的科学探究精神。另外，学生的动手能力还不够强，教师在课余时间应充分利用互联网、实验室，培养学生在实验中的动手能力。教学中还应注重对学生学习方法的培养，提高其学习效率。

（所获奖项：三等奖）

专家点评

本教案对七年级学生认知特点的分析十分到位，教案思路清晰，对教学重难点的把握也可圈可点。教学中运用了网络、视频、图片等多媒体教学资源，教学内容全面而丰富。此外，强调对学生科学探究能力和探究精神的培养，全面体现了教学的三维目标。同时，加入小组协作学习和探究式学习是本教案的一大亮点，教学不再是传统的教师单方面的说教过程，学生成为学习的主体，教师是整个学习过程的引导者，从而培养学生的合作精神，启发学生探究式学习思维，让学生勤于思考、乐于动手。让学生自己动手做探究实验，不仅提高了学生的课堂参与度，加深了学生对知识的理解和掌握，还能激发学生的学习兴趣并保持下去。另外，本教案的一大亮点就是对互联网的充分利用，让学生通过互联网进行课前自主预习、展示交流，培养了学生自主学习的能力、提取信息的能力、自主发现问题和解决问题的能力。

然而，本教案中也存在一些不足之处。在网络学习环境下，七年级学生的自制能力还不强，对庞杂的网络信息的甄别能力还不够，教师该怎样保证学生搜索信息的效率，避免学生观看和学习无关的网络信息呢？在信息搜索方面，教师有必要给予学生适当的指导，提高学生的学习效率和搜索信息的能力。

（点评人：北京师范大学教育学部　闻娟）

给植物一点阳光

——“绿色植物的光合作用”教案及评析

张国霞[①]

教学背景

教学课时：1 课时

教学准备：

1. 学生：预习新课；完成课后习题。
2. 教师：通过互联网搜索相关教学资料和视频。

教学目标

1. 阐明绿色植物光合作用的产物和原料；举例说出光合作用的原理在农业生产中的应用。

2. 运用实验的方法检验光合作用的产物，探究光合作用的原料。

3. 确立实事求是的科学态度，养成积极思考、勇于创新的学习习惯。

教材分析

本节教学内容包括绿色植物进行光合作用的产物、光合作用的原料及应用。通过“绿叶在光下制造淀粉”的实验、“光合作用产生氧气”的演示实验、“二氧化碳是光合作用的原料”的探究实验，分析和概括出光合作用的概念。

① 张国霞，山东省青州王坟初级中学。

教学重难点

1. 绿色植物进行光合作用的产物和原料。

2. 通过实验检验光合作用的产物，探究光合作用的原料。

教学方法

实验法、对照法。

教学过程

一、导入新课

教师播放视频《实验验证光合作用的产物》，导入新课。

二、探究实验，学习新课

（一）光合作用的产物

1. 实验——绿叶在光下制造淀粉

教师讲解实验的注意事项，学生对照教材中的实验步骤做实验。归纳本实验的七个步骤：

①______②______③______④______⑤______⑥______⑦______（每个步骤用 2 到 4 个字表述）

讨论：① 为什么要把天竺葵提前放到黑暗处一昼夜？

② 为什么要用黑纸片把叶片的一部分遮盖起来？

③ 为什么要脱去绿叶中的叶绿素？脱色时为什么要隔水加热？

④ 脱去叶绿素的叶片遇碘后有什么变化？说明了什么问题？（注意：淀粉遇碘液会变蓝色）

先在小组之间讨论，汇报讨论的结果，再共同总结交流。

2. 演示实验——光合作用产生氧

教师提前把实验布置好，上课时让学生观察实验现象。

（1）讨论：将快要熄灭的细木条（或卫生香）插进管内，能观察到什么现象？这说明了什么问题？

（2）思考：验证光合作用产生氧气的实验用的方法是______________。

（3）总结：以上两个实验证明光合作用的产物是__________________

__________；光合作用的条件是__________。

（教师出示视频《光合作用的原料》。）

（二）光合作用的原料

1. 比利时科学家范·海尔蒙特曾做过一个著名的实验，即将一棵柳树苗种在装有土壤的木桶中，培养5年后柳树质量增加了80多千克，土壤只减少了不到100克（教师出示实验）。

学生根据实验思考：柳树增加的重量是从哪里来的？土壤中减少的是什么成分？

2. 探究活动：二氧化碳是光合作用的原料。

教师课件出示具体探究过程，该实验的变量是__________，观察到的现象是______比______到达标记处的时间短，得出的结论是__________。

3. 光合作用的原料除了二氧化碳还有__________。

4. 总结得出结论。

光合作用的概念：绿色植物通过__________，利用______，把______和______转化成储存着能量的__________（主要是__________），并且释放________的过程。

光合作用的反应式__________。

光合作用的原料__________。

光合作用的产物__________。

光合作用的条件__________。

光合作用的场所__________。

（三）光合作用的应用

如果给你提供一个塑料大棚，根据所学的有关光合作用的知识，你知道怎样提高大棚蔬菜的产量吗？（提示：从光合作用的原料、条件等角度考虑）

结论：在农业生产中，提高光合作用的效率的方法有__________和__________。

三、练习作业

1. 光合作用的原料是（　　）。

①光　②叶绿体　③二氧化碳　④水　⑤氧气

A. ①②　　B. ③④　　C. ①②③④　　D. ③④⑤

2. 在金鱼缸内放些新鲜的水草，对金鱼的意义是（　　）。

A. 美观　　B. 为金鱼提供营养

C. 增加水中二氧化碳浓度　　D. 增加水中氧气浓度

3. 在“绿叶在光下制造淀粉”的实验中，在验证实验结果以前要用酒精脱去叶绿素，目的是（　　）。

A. 避免叶子继续进行光合作用，干扰实验结果

B. 避免叶绿素颜色干扰，以使结果更明显

C. 增加叶片内淀粉含量

D. 减少叶片内淀粉含量

4. 取一片经日光照射了几小时的银边天竺葵的叶子，脱去叶绿素后用碘液染色，结果边缘未变蓝色，其他部位变成蓝色，该实验证明了（　　）。

A. 光合作用需要光　　B. 光合作用需要叶绿体

C. 光合作用释放了氧　　D. 光合作用需要二氧化碳

5. 17 世纪，比利时科学家范·海尔蒙特将一棵柳树苗种在装有土壤的木桶中，培养 5 年后，柳树质量增加了 80 多千克，土壤只减少了不到 100 克，请问，增重的 80 多千克主要是在什么作用下完成的（　　）？土壤减少的不到 100 克是什么物质（　　）？

A. 蒸腾作用　　B. 呼吸作用　　C. 光合作用　　D. 水

E. 无机盐　　F. 二氧化碳　　G. 氧气

6. 要检测植物的光合作用强度，最方便的方法是检测（　　）。

A. 氧气的释放量　　B. 二氧化碳的释放量

C. 有机物的形成量　　D. 水的消耗量

7. 为提高农作物的产量，提高光合作用的效率，下列哪些做法是可取的（　　）？

①合理密植　②尽量密植　③间作套种　④大面积单一作物种植

A. ①④　　B. ①③　　C. ②③　　D. ②④

教学反思

本教案通过视频资料激发学生的学习兴趣和好奇心，引导学生积极主动地获取生物学知识，领悟科学研究方法。然而，低年级的初中生在学习过程

中具有自己的特点，让其独立完成探究实验比较困难，因此我设计了一些学生感兴趣且逻辑性较强的思考题对学生进行引导。通过一系列的问题，使学生在主动思考和探究的过程中自然而然获得了新知，这种方法简单、直观、启发性强，同时锻炼了学生的逻辑思维能力，增强了学生进行科学探究的意愿。

（所获奖项：三等奖）

专家点评

本教案对“绿色植物的光合作用”的教材分析和重难点的把握非常到位。教学中，强调对学生科学探究能力和探究精神的培养，全面体现了教学的三维目标，同时，在教学过程中加入小组协作学习和探究式学习是本教案的一大亮点。教学不再是传统的教师单方面的说教过程，而改为以学生为主体，教师则是整个学习过程的引导者。探究演示实验能激发学生的学习兴趣，并且能够保持学生的学习兴趣，加深学生对知识的理解和掌握，提高学生的逻辑思维能力。在这个过程中，小组合作、讨论交流的教学组织形式可以增强学生的合作能力，培养学生的团队合作精神以及责任意识，并且能活跃课堂气氛，提高学生的学习效果。此外，本课的随堂习题设计得也非常好，随讲随练，经典题型能检验出学生的学习效果，对学生有疑问的知识点可以及时给出解答，增强了教学效果。

但是，本教案也存在一些不足之处。对于多媒体教学手段的应用可以更多样化一些，而且整个教学中基本上都是由教师来搜索和提供视频等资料，很少有学生自己动手应用网络搜索信息、提取和加工信息的过程。在以后的教学中应充分发挥学生的主动性，提高学生收集和处理信息的能力。

（点评人：北京师范大学教育学部　闻娟）

植物会呼吸吗

——“绿色植物的呼吸作用”教案及评析

李亮子①

教学背景

教学课时：1 课时

教学准备：

1. 学生：萌发的黄豆种子、澄清的石灰水、清水、蜡烛、透明的保温杯、温度计、燃烧匙等。

2. 教师：通过互联网搜索教学材料，包括图片和视频；制作多媒体课件。

教学目标

1. 描述绿色植物的呼吸作用。

2. 举例说出呼吸作用的原理在农业生产和日常生活中的应用。

3. 通过实验，培养猜想、观察、推理、分析、综合的能力和创造思维能力。

4. 通过比较光合作用与呼吸作用的关系，树立对立统一的辩证唯物主义观。

教材分析

绿色植物的呼吸作用是绿色植物的三大重要作用之一，它与光合作用既

① 李亮子，山东省潍坊市昌邑市外国语学校。

相互独立，又相互依存。本节内容包括植物的呼吸作用和呼吸作用的应用两部分，对植物的呼吸作用知识框架的建构，主要通过对“观察植物的呼吸作用”实验现象的分析而获得。

教学重难点

1.“观察种子的呼吸现象”的实验分析。

2. 呼吸作用的概念和意义。

教学方法

实验法、观察法、归纳法、列表比较法。

教学过程

一、激趣导入

师：请同学们屏住气，暂时停止呼吸，此刻，你会有什么感受？为什么会出现这种现象？我们吸入的气体是什么？呼出的气体又是什么呢？

学生回答完毕后，教师带领大家完成一个小魔术：请一名同学向盛有澄清石灰水的试管中吹气，观察实验现象并叙述出来。

教师通过课件展示：使澄清石灰水变浑浊是二氧化碳的特性。从而证明人呼出的气体中含有较多的二氧化碳，以此作为知识铺垫。

师：那么绿色植物吸入的气体是什么？呼出的气体又是什么呢？今天我们一起学习“绿色植物的呼吸作用”。

二、实验探究

1. 实验一：种子呼吸产生二氧化碳。

(教师播放视频《种子在呼吸作用中是否释放二氧化碳》。)

通过视频，让学生观察实验现象，并得出实验结论，同时，教师板书。

实验结论：萌发的种子在呼吸作用中产生________。

2. 实验二：种子呼吸消耗氧气。

(教师播放视频《种子在呼吸作用中吸收氧》。)

通过视频，让学生观察实验现象，并得出实验结论，同时，教师板书。

实验结论：植物在呼吸作用中吸收________。

3. 实验三：种子呼吸释放热量。

（教师播放视频《种子在呼吸作用中放热》。）

通过视频，让学生观察实验现象，并得出实验结论，同时，教师板书。

实验结论：萌发的种子在呼吸作用中放出了________。

教师同时指出，热量是能量的一种，除此以外，种子呼吸还能产生水。

4. 课件展示“资料分析”，说明植物的呼吸消耗有机物。

资料分析：

（1）称取等量的两份同种植物的种子，在黑暗条件下，一份提供适宜种子萌发的条件，另一份保持干燥不萌发。

（2）一段时间后，将两份种子（其中一份已经萌发成幼苗）进行干燥处理，分别称其重量，发现已经萌发成幼苗的那份种子重量减轻了。

让学生分析得出结论：植物呼吸消耗了________。让学生通过生活中的例子“糠心萝卜”来说明植物呼吸时消耗有机物的原理，此时总结出呼吸作用的公式。请学生根据教材上的内容和公式，描述出呼吸作用的概念。

5. 由特殊到一般：植物体的活细胞都能进行呼吸作用。

猜一猜：实验前一天，请学生将等量的新鲜的和煮熟的青菜叶分别装入两个相同的不漏气的黑色塑料袋中，插入软管扎紧袋口，并将软管夹紧。课上，将两个塑料袋中的气体导入澄清的石灰水，请学生根据实验现象，猜测哪一个塑料袋中装的是新鲜菜叶。最后教师打开袋子，揭开谜底，同时指出，叶子也能通过呼吸作用产生二氧化碳。

思考：植物的其他器官也能进行呼吸作用吗？

教师引导：组成这些器官的基本结构和功能单位是什么？煮熟的种子、菜叶为什么不能进行呼吸作用？引导学生总结出：呼吸作用是在所有的活细胞中进行的。同时强调：呼吸作用每时每刻都在进行（有光、无光都能进行）。随着问题的深入，学生的理解会更加深刻而全面。

6. 植物通过呼吸作用释放出的能量有什么意义？（课件展示）强调植物通过呼吸作用释放出来的能量，除一部分转变成热能散失掉以外，其余部分用于植物体的各项生命活动，如植物对矿物质营养的吸收、有机物的合成与运输、细胞的分裂与生长等。

三、联系实际，迁移深化

教师通过联系实际，使学生经历一个再认识的过程，将知识转变为能力。

1. 有的家庭会在卧室中放置很多花卉，这样做好不好？

2. 身边的科学：展示农民松土、排涝、晾晒粮食的图片，让学生思考应如何保存新鲜的水果，并请学生说出这样做的依据是什么。

3. 听故事，长知识。

冬天，农民伯伯常常将收获的大白菜贮存在地窖中。从前，在一个偏远的小山村，有一个人一打开地窖就进去取白菜，走到半路，蜡烛突然灭了，于是，他高喊“有鬼”，吓得迅速跑出了地窖。

世上真的有鬼吗？这鬼又是谁？如果是你，你准备怎么办？

让学生用所学知识科学地解释蜡烛熄灭的原因。

四、归纳总结

通过组织不同层次的学生回答以及互相交流、补充，使每一个学生都能体验到成功的喜悦，进而对本节的知识体系进行概括总结。

教学反思

引导学生运用所学知识解释农业生产和生活中的相关问题，达到学以致用的目的。这样做，不仅提高了学生分析、解决问题的能力，而且使学生认识到生物学是一门应用性很强的学科，进一步激发学生学习生物学的兴趣。

（所获奖项：三等奖）

专家点评

本教案的思路较为清晰，从情境导入，到课程重点和难点的讲解，再到情感态度的升华，教学内容全面而丰富。该教学强调对学生科学探究能力和探究精神的培养，全面体现了课程的三维目标，此外，在教学过程中加入探究式学习是本教案的一大亮点。教学不再是传统的教师单方面的说教过程，学生成为学习的主体。丰富的探究演示实验，激发了学生的学习兴趣，加深了学生对知识的理解和掌握，提高了学生的逻辑思维能力。基于对实验现象的观察和对比分析，归纳总结出知识点，提高了学生分析问题的能力，培养了学生实事求是的科学观。此外，本教案的一大亮点是，充分联系生活实际，“糠心萝卜”、身边科学故事的讲解让学生的认识再度深化，而且使学生认识到生物学是一门应用性很强的学科，进一步激发了学生学习生物学的兴趣。

但是，本教案也存在着一些不足。第一，没有充分发挥小组协作学习的优势，几乎没有小组合作实验和信息交流的环节，这样不利于培养学生的合作能力和合作精神。第二，整堂课都是由教师来搜索和提供视频等资料，没有学生自己动手应用网络搜索信息、提取和加工信息的过程。在以后的教学中应充分发挥学生的主动性，提高学生收集和处理信息的能力。

（点评人：北京师范大学教育学部　闻娟）

远离病毒，爱护家人

——“没有细胞结构的微小生物——病毒”教案及评析

郑　伟[1]

教学背景

教学课时：1 课时

教学准备：

1. 学生：收集病毒与人类的关系的资料；收集有关由病毒引起的疾病的资料。

2. 教师：互联网搜索视频资料和有关教学材料；制作多媒体课件。

教学目标

1. 识别病毒，说出病毒的结构及其与人类的关系。

2. 收集并整理从书籍、报刊及网上查询到的有关由病毒引起的疾病的信息，通过网络，了解病毒与人类的关系，培养整理、分析、归纳资料的能力。

3. 关注病毒与生物圈中其他生物的关系，特别是与人类的关系，培养辩证唯物主义精神。

教材分析

认识病毒的主要特征、病毒与人类的关系，以及培养学生收集、分析、归纳、推理等能力是本节课的教学重点。认识病毒的结构、关注病毒与人类

① 郑伟，吉林省通化县东来乡海联学校。

的关系，培养学生的辩证唯物主义观等是本节课的教学难点。针对教材的重难点，结合教材和学生实际，通过网络搜索相关视频，将收集到的相关资料（文字、图片）做成课件进行演示，引导学生分析，突破教学重难点。让学生将收集到的资料分组进行展示，提高其学习能力，培养其学习兴趣。在教学活动中，采用简洁的方式，运用启发性的语言，由感性认识入手，调动学生的学习积极性。按照导学—自学—共学—质学—检学的步骤，让学生在轻松的氛围中步入知识的殿堂，在好奇心和表现欲的作用下，产生获取知识的欲望，从而以主人的身份去获取知识，积极动脑、动手，主动去合作，自主去探究，大胆去拓展实践。在这个过程中，不仅能使学生习得获取知识的科学方法，而且能强化学生的学习能力，提升学生的综合素质。

教学重难点

1. 病毒的主要特征及其与人类的关系。
2. 病毒的结构，病毒与人类的关系。

教学方法

按照导学—自学—共学—质学—检学的步骤，让学生在紧凑的教学环节中轻松步入知识的殿堂。

教学过程

一、导入新课

1. 教师展示禽流感病毒图片。

师：通过观察图片，你们得到了什么启示？

师：（设疑）病毒是如何被发现的？病毒的结构是怎样的？病毒与人类有着怎样的关系？我们有必要“谈病毒而色变”吗？

（展示课件，出示学习目标。）

2. 出示学生自学提纲：（1）阅读教材，了解病毒是如何被发现的；（2）病毒的形态是多种多样的；（3）病毒的种类；（4）病毒的结构和生存习性；（5）病毒与人类的关系。

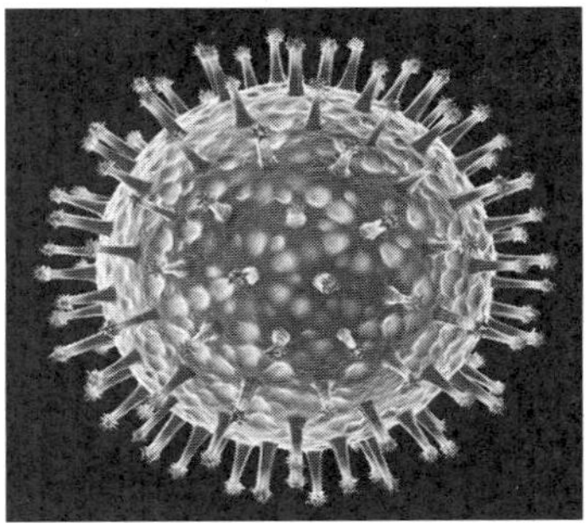

禽流感病毒

二、小组交流

1. 解决提纲中的问题 1

结合教材学习，同时启发学生进行小组讨论，达成共识。

（教师播放视频《病毒的发现》。）

2. 解决提纲中的问题 2

（1）指导观察、启发思维、分析比较，鼓励学生大胆发言，得出结论，及时予以表扬。

（2）教师演示课件，说明病毒的特点，即病毒的形态是多种多样的。

3. 解决提纲中的问题 3

（1）启发学生观察教材上的图片，认识病毒的种类。

（2）演示课件，出示不同种类的病毒的图片。

4. 解决提纲中的问题 4

（1）指导学生观看课件及视频，使学生了解病毒的结构和生存习性。

（2）播放视频《病毒的结构》。

5. 解决提纲中的问题 5

（1）启发学生辩证地看待病毒与人类的关系，培养学生的辩证唯物主义世界观。

（2）教师演示课件，引导学生认识病毒与人类的关系。

（3）启发学生归纳并总结病毒与人类的关系。

6. 小结

（1）小结有关病毒的知识，在此基础上引导学生讨论如何正确认识病毒，以及如何合理利用病毒。

（2）教师演示课件——近年来发现的新型病毒。

鼓励学生提出疑问，教师和学生共同解决。

三、课堂检测

1. 教师演示课件，出示检测提纲。

2. 学生作答。

四、小结

提示学生，可以通过网络搜索辅助完成课后作业，学习更多类似于艾滋病等病毒方面的知识，也可以进行复习。

教学反思

本节课主要通过互联网搜索，查找相关的视频、图片和文字资料，教学过程中图文并茂，使学生深刻理解了有关病毒的发现、结构及其与人类的关系的知识。在教学中，我采用层层递进、逐步深入、以学定教的方式帮助学生解决问题。该教学设计已经用于实际教学，效果非常好，也非常实用，解决了在教科书中无生动资料的问题，也避免了就挂图讲挂图，无实物教学的问题，让学生真正地感受到互联网的好处。另外，通过互联网搜索资料时我是让学生以单位为小组进行搜索的，再通过教师的整合，将其运用到课堂上，由此实现了资源共享。学习过程中，学生真正参与了学习并且体验到了互联网学习的价值。

（所获奖项：三等奖）

专家点评

本教案思路较为清晰，教材分析和学情分析十分到位，亮点是充分体现了学生的主体地位，其中的列出提纲让学生带着问题自学环节，发挥了学生学习的主动性，提高了学生的课堂参与度，有利于学生对知识的深入思考、理解和掌握。而在学生对知识有了一定的了解后，教师的讲解更能被学生所接受，学生更容易提取出所需要的信息，收到了较好的教学效果。本课教学内容全面丰富，表达形式多样，网络、视频、图片等教学资源的结合，让学生对病毒这一肉眼观察不到的微生物有了更为直观的认识，对知识的深入学习也让学生对病毒形成了较为客观的认识。另外，让学生以小组形式搜索网络信息，并资源共享，充分培养了学生收集和处理信息的能力，也让学生学会了利用先进的技术设备和丰富的网络信息资源为学习服务。

（点评人：北京师范大学教育学部　闻娟）

有能量才有呼吸

——“能量与呼吸”教案及评析

王宜华[①]

教学背景

教学课时：1 课时

教学准备：

1. 学生：通过互联网搜索音乐《火柴天堂》和动画《卖火柴的小女孩》；收集有关资料，做好第二个实验的准备工作。

2. 教师：通过互联网搜索相关资料；制作多媒体课件。

教学目标

1. 从生物体进行生命活动需要能量这个角度了解能量释放与呼吸的关系；描述什么叫呼吸作用，其与呼吸有什么区别。

2. 学会测定呼吸频率的简单方法，初步学会对测定结果进行分析，尝试得出能量的释放与呼吸有关的结论；初步学会验证植物呼吸消耗氧气，释放二氧化碳的方法。

3. 通过一个悲伤的童话故事《卖火柴的小女孩》，懂得要伸出援助之手，关心、关爱他人。从日常生活中遇到的一些生理现象和生活实际入手，用正确的科学研究方法，逐渐深入地发现能量的释放与呼吸之间的关系。

教材分析

能量是一个抽象的概念，生物体生命活动所需要的能量是如何获取的

① 王宜华，江苏省赣榆县班庄第二中学。

呢？本课教学从所设置的人体运动、饥饿时需要能量这些情境入手，引导学生认识到生物体的能量是从体内获得的有机物中释放出来的。让学生了解能量的释放与呼吸密切相关的小实验，可以使他们得出能量的释放与呼吸密切相关的结论。呼吸过程中气体变化的实验可以帮助学生进一步发现能量的释放需要氧气这个呼吸作用的实质性问题，以便对呼吸和呼吸作用进行区别，从而深刻地理解什么是呼吸作用。在此基础上，可以引导学生更深入地分析呼吸作用在生物体生命活动中的作用以及在人类生产生活中的应用。

教学方法

情境教学法、讲授法、探究法。

教学重难点

1. 引导学生从体验—分析—实验的环节中体会并揭示能量的释放需要氧气的原理。

2. 呼吸作用和呼吸的不同，以及呼吸作用的实质。

教学过程

一、设置情境

师：你们知道《卖火柴的小女孩》的故事吗？

（播放动画视频《卖火柴的小女孩》。）

引导学生思考：

（1）为什么小女孩儿最后会饿死在街头？

（2）如果你在她的身边你会怎样做？

第一个问题，学生思考并回答：小女孩儿被冻死和饿死，是由于没有食物为她提供能量。第二个问题让学生畅所欲言：可以给她提供食物，给她钱，给她温暖，为她献上爱心。

二、引入新课

师：如果小女孩儿当时能吃到食物，就不会被饿死了，因为人类可以通过补充食物（有机物）的方式来补充能量。那么，能量是由食物中的哪种成分提供的？

（课件展示：有机物——→能量。）

师：食物中的能量是不能直接被人体所利用的。

质疑：你知道能量是如何释放的吗？其与哪种活动有关？

1. 分组活动：体验能量释放与呼吸的关系

师：让我们来体验一下剧烈运动时的感觉，也许会得到一些启发。

（投影小资料：呼吸频率。）

2. 体验能量的释放与呼吸的关系

教师发动学生分组体验能量的释放与呼吸的关系。各小组轮流测试男生和女生在安静、迅速蹲起 1 分钟、休息 2 分钟后三种状态下的呼吸频率。

（1）三种状态下的呼吸频率有什么不同？

（2）哪种状态消耗的能量最多（感觉最累）？

（3）消耗能量的多少与呼吸频率是什么关系（正比或反比）？

（4）能量的释放与呼吸的关系密切吗？

（课件展示网上搜索的呼吸频率的检测方法。）

在明确方法的基础上，引导学生做实验、处理实验数据、交流小组的结论并填写在教材的表格中。

横向、纵向比较数据得出规律，讨论比较，得出问题答案：能量的释放与呼吸关系密切。

3. 转换主题

教师设疑：什么是呼吸？人的呼吸是怎么一回事？

生：吸进（　　）释放出（　　）。

（1）医生经常会为生命垂危的病人提供氧气瓶。（出示图片）

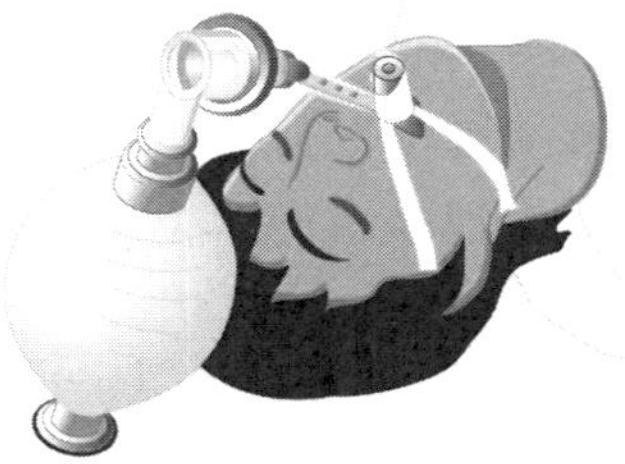

为病人输氧

（2）实验：请一位同学向澄清的石灰水中吹气，然后观察石灰水的变化。

① 实验后谈谈对人的呼吸的看法。

② 体验并观察实验现象：发现澄清石灰水变浑浊，说明人的呼吸产生了二氧化碳。

4. 总结

呼吸指的是人或动物吸进氧气，呼出二氧化碳的过程。

过渡：植物能进行呼吸吗？

（课件展示：植物的所有部位都能进行呼吸。）

教师设疑：植物呼吸时的气体变化和人一样吗？（学生猜想）

验证植物在呼吸过程中气体的变化：组织学生进行实验——探究植物的呼吸。

三、分组介绍实验，提问解答

1. 植物呼吸消耗氧气

（1）把等量的用沸水处理过的菠菜和新鲜的菠菜分别装入甲、乙两个广口瓶中放在温暖处，并进行封闭和遮光处理。

（2）24 小时后，将点燃的蜡烛迅速伸入甲、乙两瓶中，观察蜡烛的燃烧情况，并分析实验结果。

现象：有新鲜菠菜的广口瓶中的蜡烛火焰较小。

提问：比较两样实验材料，说明植物呼吸需要什么条件。

2. 植物呼吸放出二氧化碳

（1）取 A、B 两个塑料袋，里面充满空气，在 A 袋内装入新鲜菠菜密封，B 袋内不放任何材料也密封。

（2）将两个袋子都放在黑暗处，1 天后取出。

（3）把 A、B 袋内的气体分别通入装有澄清石灰水的两个锥形瓶中，观察和记录石灰水的变化，分析实验结果。

现象：装有新鲜菠菜的袋子释放出的气体可使澄清石灰水变浑浊。

提问：① 哪一个是对照实验？

② 为什么要把袋子放在黑暗处？

③ 除了将袋子放在黑暗处，还有什么方法呢？

3. 比较植物与人呼吸过程中的气体变化

（1）分别介绍两组实验（略），共同探究，培养学生分析问题、解决问题的能力和实际动手操作的能力。

开动脑筋，交流讨论，释疑解答。

出示表格：植物呼吸与人呼吸时的气体变化比较。

	吸进	呼出
植物	氧气	二氧化碳
人	氧气	二氧化碳

引导学生得出正确结论：植物的呼吸只有在活细胞内才能进行，其过程也是吸进氧气，释放二氧化碳，与人类一样。

(2) 设疑：为什么植物在呼吸时，吸进的是氧气，释放的却是二氧化碳？

(课件展示：这与植物的呼吸作用有关。)

师：呼吸作用与我们通常说的呼吸是一回事吗？

(学生深入思考，积极动脑。)

学生阅读资料，回答问题：呼吸作用的实质。

(播放视频《呼吸的作用》。)

(3) 组织学生讨论。

① 呼吸作用的时间（　　）。

② 呼吸作用是指植物吸收大气中的（　　），将体内的有机物转变成（　　）和（　　），并释放出储存在有机物中的（　　）的过程。

③ 呼吸作用在（　　）内进行。

(4) 总结。

呼吸作用公式：

__________＋有机物⟶________________＋水＋__________。

总结：能量的释放来自于呼吸作用。

四、小结

师：本节课你有什么收获？

让学生畅所欲言，交流收获，交流表达，并进行自我评价。

教学反思

本课内容比较抽象，要让学生在短短的一节课内突破重点和难点内容难度比较大。为此，本课由学生熟知的童话引入，并通过互联网搜索营造了相应的问题情境，激发了学生的学习欲望，培养了学生的爱心，为下一步学生主动学习奠定了良好的基础。教学中，设置疑问，引入课题，激发思考，让全体学生分组体验，从身边的现象着手，让每一个学生都投入实验探究中。通过分组实验，让学生明确任务、合作学习，通过观察和合作讨论，培养分析问题、协调合作、交流表达的能力。营造主动和自主学习的氛围，从而让学生主动了解和探究能量的释放与呼吸的关系。教学中的不足之处在于，在难点上总结得不够流畅，给学生思考的空间较小。下次教学需改进之处：在呼吸作用的总结上适当地提示学生，让学生根据动画及文字资料归纳出呼吸作用的实质和公式。

（所获奖项：三等奖）

专家点评

故事引入是该教案的一大亮点，运用一个悲伤的童话故事《卖火柴的小女孩》来引入新课内容，情境设置新颖，能够吸引学生，激发学生的学习兴趣，并且设置了情感、态度和价值观的三维教学目标。本节课教学策略选择适当、运用灵活、结构清晰、重点突出。在教学过程中，教师时刻以问题作为引导，层层设疑，引导学生进行思考和讨论，体现出了教师作为课程组织者和引导者的角色。小组合作、分组实验、讨论交流的教学组织形式有利于调动学生学习的积极性，使学生在讨论交流中加深对知识的辨析、理解和掌握，同时培养学生分析问题、协调合作、交流表达的能力，营造主动和自主学习的氛围，活跃课堂气氛，提升学习效果。课堂表现形式多样，将多媒体教学、视频、图片相结合，教学内容全面而丰富。此外，几个探究小实验设计得非常好，通过直观的体验让学生对动植物的呼吸作用有了更加深刻的理解，同时培养了学生通过实验现象归纳出科学原理的能力。

但是，教案中的不足正如教师在反思中所提到的，在难点上总结得不够流畅，分析阐述得不够详细具体。另外，给学生思考的空间较小，探究性实验要充分调动学生的主动性，激发其创新精神，教师的干预程度要视具体情况而定，只在必要时给予学生适当的指导，这样才能达到良好的教学效果。

（点评人：北京师范大学教育学部　闻娟）

鸟类如何繁殖后代

——“鸟的生殖和发育”教案及评析

刘东明[①]

教学背景

教学课时：1 课时

教学准备：

1. 学生：预习新课；通过互联网搜索相关学习材料。

2. 教师：通过互联网搜索相关图片和视频；制作多媒体课件。

教学目标

1. 能描述鸟类生殖和发育的过程。

2. 探究鸟卵的结构，并能说出各部分的功能。

3. 能说出早成雏与晚成雏的区别。

4. 关注鸟类与人类的关系，培养关爱鸟类的情感。

教材分析

1. 本课为八年级下册的内容，八年级的学生已经基本熟悉了网络搜索的使用，并且能够对从网络上所获取的信息资料进行整理、编排。这节课主要介绍鸟类的生殖过程和发育过程，及鸟类与人类的关系。在教学中利用网络搜索，不但能培养学生收集整理资料的能力，还能让学生更加清晰地了解相关知识，更好地明确鸟类的繁殖过程，让学生更好地保护鸟类，保护我们人

① 刘东明，山东省寿光市孙家集街道第二初级中学。

类的生活环境。

本节课主要通过对实验和视频资料的分析，让学生了解鸟卵适于在陆地上发育的结构特点，知道鸟的生殖过程和发育过程，明确鸟类的生殖和发育摆脱了水的限制，鸟类是更高一级的动物，同时渗透爱鸟护鸟的情感教育。因为八年级学生对教材的分析处理能力相对较弱，教师必须做好统筹安排，明确小组分工，布置好小组任务，最后汇总资料，共同汲取相关的知识信息，完成学习任务。

2. 八年级上学期的学生通过两个学期的生物课的学习，已经具备了较强的实验观察能力、收集和分析资料的能力，课堂上喜欢实验观察，思维活跃，能对各种问题进行推理和判断，所以教师要引导学生进行认真仔细的实验观察、分析和推理，以使学生通过自己的亲身参与和主动思考获取相关的知识。

教学重难点

1. 能描述鸟类生殖和发育的过程。
2. 探究鸟卵的结构，并能说出各部分的功能。
3. 早成雏与晚成雏的区别。

教学方法

情境教学法、小组互助探究学习法。

教学过程

一、创设情境、导入新课

1. 让学生通过多媒体观察各种鸟巢的图片，并回答问题：鸟类筑巢的目的是什么？

(出示鸟巢图片。)

(课件展示鸟巢的定义。)

师：春暖花开，万物复苏，有的鸟就会从南方飞回北方进行繁殖，刚孵出的小鸟毛茸茸的，十分可爱，可是刚孵出的麻雀的粉红色的皮肤上

鸟巢

却一根羽毛都没有，大家知道这是为什么吗？就让我们走进新的一课——鸟的生殖和发育一起解决这些问题吧。（板书课题）

【设计意图】从学生实际生活中的事例出发，从鸟巢说起，并附带问题，激发学生的求知欲，从而导入新课。

二、分组合作，学习新课

（一）鸟的生殖过程

播放视频《鸟的生殖和发育》，让学生观看视频，结束后让学生带着问题去阅读教材内容。

小组讨论下列问题（每小组推荐一名同学展示）。

1. 大多数鸟类生殖的季节是在__________。

2. 鸟的有性生殖（精子和卵细胞结合形成______）是雌雄__________，__________受精，卵生。

3. 通过观察几组幻灯片，总结鸟类的生殖和发育会经过哪几个阶段，哪些是鸟类必需的生殖行为？

（二）鸟卵的结构及作用

教师播放视频《家鸽的生殖和发育》，学生回答问题，看谁写得更准确、更好。

1. 鸟卵的结构包括哪几个部分？

2. 鸟卵的孵化有何特点？

3. 一个鸡蛋就是一个卵细胞，这种说法对吗？说说你的看法。

（三）鸟的发育行为

（播放视频《鸟的发育》。）

1. 早成雏与晚成雏的区别

观察课本上的图，比较雏鸡和雏蓝山雀发育的不同，并填写表格。

比较	雏鸡	雏蓝山雀
羽毛		
眼睛		
后肢		

2. 鸟卵的孵化

鸟名	家燕	麻雀	家鸽	鸡	鸭	鹅	鸵鸟
孵化时间/天	12～15	12～14	17～19	20～22	28～32	30～32	45

师：鸟卵孵化时间的长短可能与什么因素有关?

(学生答，略。)

(四) 鸟与人类的关系

(课件展示什么是鸟的迁徙及鸟的百科知识。)

1. 鸟到底睡不睡觉

鸟当然也要睡觉，不仅要睡觉，而且有的鸟还是一只脚站着睡，更令人惊奇的是，人似乎可以向鸟施行“催眠术”，按照人的意思让它睡，只要在鸟笼上盖一块毯子，营造一个类似黑夜的小环境，鸟很快就会入睡。最有趣的是，燕子在飞翔中也能睡觉，不过，涉禽类的海鸟睡觉不是按照太阳升落的规律，而是依据潮汐规律。

2. 鸟为什么会飞

第一，鸟类的身体外面是轻而温暖的羽毛，羽毛不仅具有保温作用，而且会使鸟类身体呈流线型，在空气中运动时受到的阻力最小，有利于飞翔，飞行时，两只翅膀不断上下扇动，鼓动气流，就会发生巨大的下压抵抗力，使鸟能快速向前飞行。

第二，鸟类的骨骼坚、薄而轻，有些骨内部呈中空，可减轻体重，解剖鸟的身体骨骼还可以看出，鸟的头骨是一个完整的骨片，身体各部位的骨椎也相互愈合在一起，肋骨上有钩状突起，互相衔接，形成坚固的胸廓，鸟类骨骼的这种独特的结构，为其减轻了重量，加强了支撑其飞翔的能力。

第三，鸟的胸部肌肉非常发达，它们还有一套独特的呼吸系统与飞翔习性相适应，鸟类的肺是实心的且呈海绵状，还连有 9 个薄膜气囊，在飞翔中，鸟吸气时，吸进的空气一部分用来在肺里直接进行气体交换，另一部分则直接进入气囊；呼气时，气囊内的气体再经肺而排出，这样，鸟呼吸一次，肺部可以完成两次气体交换，这是鸟类特有的“双重呼吸”，这保证了鸟在飞行时氧气的充足。

另外，在鸟类的身体中，骨骼、消化、排泄、生殖等器官机能的构造，都趋向于减轻其体重，增强飞翔能力，使鸟类能克服地球的吸引力而展翅高飞。

鸟类的翅膀是它们拥有飞行绝技的首要条件。在同样拥有翅膀的条件下，有的鸟能飞得很高、很快、很远，有的鸟却只能盘旋、滑翔，甚至根本不能飞。由此可见，仅仅是鸟的翅膀，其中的学问就不少。

看了前面的内容，也许有人会问，仅仅有翅膀就可以飞行了吗？不，把鸟类送上蓝天的还有它们特殊的骨骼。由于骨头轻，翅膀极容易将身体带动起来，加上鸟体内还有很多气囊与肺相连，这对减轻体重或增加浮力都非常有利。

三、教师总结，情感升华

通过视频让学生了解鸟的生殖和发育过程，从而能说出鸟类的生殖和发育一般包括哪些过程。出示早成鸟雏鸟与晚成鸟雏鸟的图片，其中，晚成鸟雏鸟更需要亲鸟的保护和喂养。鸟类能捕食大量的农林害虫，是人类的朋友，我们应该从自身做起，保护鸟类，关注鸟类。

（播放“鸟叫声”音频。）

教学反思

1. 本节课运用了多媒体教学，形象而直观，调动了学生的多种感官参与课堂教学活动，提高了教学效率。

2. 探究鸟卵的结构时，我让学生亲自动手，使学生感悟到自己平常很熟悉的事物原来还有这么多的知识。

3. 课堂上，每一环节我都先让学生自学，然后再以问题的形式引导学生学习相关知识，而不是直接把答案告诉学生，从而培养了学生的自学能力和语言表达能力。

本节课我感触最深的是，要想上好一节课，必须精心备课，比如，准备探究材料、查阅资料、收集资料、研究教材，并预见课上可能出现的问题等，做到心中有数，课堂上才能游刃有余。

（所获奖项：三等奖）

专家点评

本教案思路较为清晰，从情境导入，到教学重点和难点的讲解，最后再到情感态度的升华，教学内容全面而丰富。在教学过程中，教师运用了大量网络视频、图片等教学资源，使学生知道获取知识的途径不仅仅局限于书本，还有更为多样的知识获取方式。同时，小组合作学习和探究式学习是本教案的一大亮点，培养了学生的合作精神，启发了学生的探究式学习思维，让学生勤于思考，乐于动手。教师不再是传统教学中一味的说教者，而是整个学习过程的引导者。该教案还有一大亮点就是在学生熟练运用网络的基础上，教师组织学生利用搜索引擎，收集和整理学习资料，培养了学生独立自主的学习能力，加深了学生对知识的理解。

但是，本教案也存在一些不足之处。第一，在教学过程设计中，教师没有详细说明应该在哪一个教学环节中使用搜索引擎，如何分配时间，以及搜索关键词有哪些。第二，在教学目标的描述上，使用的词汇不够精确，对不同知识点的把握是了解、知道，还是掌握，亦或是应用，没有描述清楚。第三，教师在教学反思中提到的，让学生亲自动手探究鸟卵的实验，在教学活动设计中对此也没有详细的描述。

（点评人：北京师范大学教育学部　闻娟）

人体如何与外界进行气体交换

——“人体与外界的气体交换”教案及评析

刘德刚[①]

教学背景

教学课时：1 课时

教学准备：

1. 学生：预习新课。

2. 教师：准备肺泡的结构模型，肋间肌舒缩引起肋骨和胸骨运动的模型，膈肌运动引起胸廓容积变化的模型；通过互联网搜索教学资源，制作教学课件。

教学目标

1. 能够了解人体呼吸系统的组成；熟悉呼吸道和肺的结构与功能相适应的特点；掌握呼吸运动和气体交换的过程及原理。

2. 通过阅读分析，培养自学能力和分析归纳能力；通过观察模型和演示，提高观察、判断、推理及科学实验的能力。

3. 关注自身呼吸系统健康，提高环保意识，养成良好的生活习惯。

教材分析

本节内容主要包括呼吸系统的组成、肺泡与外界的气体交换、人体内的气体交换三部分。通过本节课的学习，为进一步学习营养物质、氧气以及二

① 刘德刚，山东省青州市高柳初级中学。

氧化碳等物质在体内的运输等一系列知识做好铺垫。呼吸是维持生命的重要生理功能之一，其与人体的新陈代谢直接相关。对本节课的学习，能帮助学生了解人体新陈代谢的过程和意义，加深学生对人与生物圈之间相互关系的理解，有助于学生环保意识的提高和良好卫生习惯的养成。

教学重难点

1. 人体呼吸系统的组成。

2. 呼吸运动和气体交换的过程及原理。

教学方法

自学引导法、合作探究法。

教学过程

一、设疑激趣，导入新课

播放视频《潜水员表演》，展示水族馆内的潜水员表演时携带氧气瓶的画面，并提出问题：潜水员潜水时为什么都要带上氧气瓶？

师：潜水员携带氧气瓶是为了在水下呼吸，他们需要不断地从氧气瓶中获得氧气，并排出体内的二氧化碳，今天，我们就来学习这方面的知识。

二、呼吸系统的组成与各部分的功能

师：请同学们深吸一口气，然后暂时屏住呼吸，看谁坚持的时间最长，请认真体会憋气时身体的感受。

（学生做深呼吸，憋气时感觉呼吸困难。）

师：可见，我们每个人时时刻刻都要进行呼吸，呼吸对人体非常重要，而呼吸是通过呼吸系统来完成的。

（播放视频《呼吸系统的组成与各部分的结构和功能》。）

三、肺的结构和功能

1. 观看视频，完成任务

师：通过观看以上视频，我们了解了人体呼吸系统的组成，下面请同学们自主学习呼吸系统的组成，并完成下面两个问题。

（1）阅读教材，在教材的空格处填上适当的名称。

（2）为什么说肺是最主要的呼吸器官？

（播放视频《肺的结构》。）

组织学生总结并完成第一个问题，并通过观察肺泡模型和观看视频引导学生回答第二个问题。（对于第一个问题，可有意识地让一部分学困生回答）

2. 过渡

通过刚才的学习，我们了解了呼吸系统的组成及功能，下面请同学以小组为单位进行讨论，解决以下问题。

（1）日常生活中，我们提倡用鼻呼吸而不是用口呼吸，为什么？

（2）为什么吃饭时不能高声说话？

教师引导学生注意小组成员间的分工与合作，组织各学习小组之间进行学习成果展示，并给予其适当的评价。对于难度较大的问题，适时给予点拨，并进行归纳总结，帮助学生理解。

3. 分析与讨论

（教师出示北欧人的鼻子与赤道附近人的鼻子的对比图。）

观察图片并试着分析：北欧人的鼻子形状与赤道附近的人的鼻子形状有差异吗？为什么会出现这种差异？

四、呼吸运动和气体交换的过程及原理

1. 人体与外界的气体交换。

师：通过刚才的学习我们知道，肺是最主要的呼吸器官，那么它是怎样与外界进行气体交换的呢？

（1）引导学生进行自我体验：先将双手轻放于两肋处进行深呼吸，感受肋骨的运动与胸廓的关系；然后将手轻放于胸骨处进行深呼吸，感受胸骨的运动与胸廓的关系；再将手轻放于腹部做深呼吸，体会腹部的变化与胸廓的关系。

（2）组织学生交流感受：吸气时，胸廓扩大，呼气时，胸廓缩小。

让学生从不同的角度观察肋骨的位置变化、胸廓的大小变化，同时引导学生思考：人是怎样进行呼吸的？什么是呼吸运动？

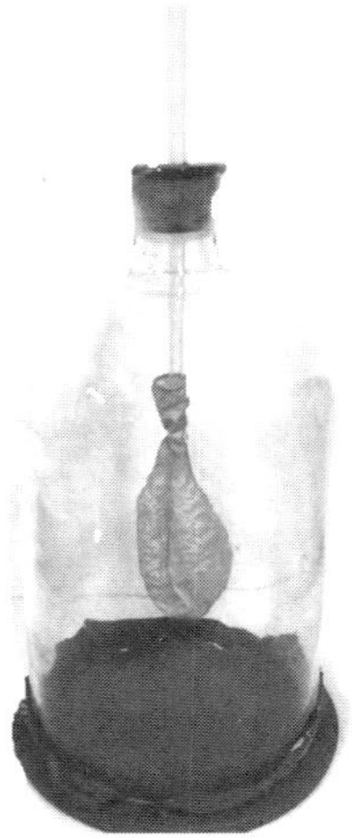

呼吸运动演示实验

（播放视频《呼吸运动是怎样产生的》。）

组织学生针对问题进行交流，关注围成胸廓的骨骼和骨骼肌，然后归纳总结什么是呼吸运动，并提出以下问题。

（1）是哪些结构引起了胸廓的扩大和缩小呢？

（2）是胸廓的变化引起了呼吸，还是呼吸引起了胸廓的变化？

组织学生进行小组讨论、交流，对学生的结论可先不做评价，充分让学生针对问题进行争论，然后通过演示实验进行探究。

2. 展示膈肌运动模型，动态演示下拉橡皮膜、松开橡皮膜时小气球的变化。

归纳总结：膈肌收缩/舒张→膈顶部下降/回升→胸廓扩大/缩小→肺扩张/回缩→肺容积增大/缩小→肺内压低于外界气压/高于外界气压→吸气/呼气。

再一次回到原来的问题：

（1）是哪些结构引起了胸廓的扩大和缩小呢？

（2）是胸廓的变化引起了呼吸，还是呼吸引起了胸廓的变化呢？

组织学生对问题做进一步讨论、分析，并进行总结。

师：你能用自己的语言描述一下呼吸运动是怎样产生的吗？

组织学生交流，并给予其鼓励性评价。

五、小结

课件展示结论：呼吸运动是由呼吸肌的收缩和舒张运动引起的，呼吸运动的结果实现了肺与外界的气体交换。

教学反思

1. 本课力求通过互联网搜索视频、音频、图片、实验模型等来激发学生学习生物的兴趣，化解知识的抽象性，突破教学难点，利用小组评价等方式调动学生自主合作学习的积极性。

2. 教学中把学习的主动权真正还给学生，让学生通过感知、实验、自主合作等方式达成学习目标，感受成功的喜悦。

3. 在教学过程中注重各环节之间的有机联系，精心设计，努力做到知识点间过渡的自然合理，做到环环相扣，以帮助学生统整本节课的知识点，进而形成一个比较全面的知识框架。

（所获奖项：三等奖）

专家点评

本教案设计思路清晰连贯，通过网络搜索到了非常丰富的教学资源，比如，课文的朗读录音、回声的声音、图片、实验以及视频，此外还包括相关的 PPT 和教学时需要使用的模型等。如此丰富的资源能使学生通过听觉、视觉、触觉等多种感官体会人体与外界的气体交换的原理，学生可以多角度且直观地学习课程内容。同时，许多教学问题的设计是和学生自身生活相关的，既易于学生对知识点的理解，也可以让学生学会将知识运用到生活中去。教案中对复杂知识点的讲解运用了实验的方式，化抽象知识为具体知识，便于学生的理解。在教学方法中，含有对课后任务的布置，可以加深学生对课堂知识的巩固。

该教案也存在一些不足之处。首先对于互联网搜索的内容没有创新的地方，仅限于传统的图片和视频，其实还可以尝试从其他角度搜索网络资源，比如，学习生物知识的手机软件，一些专题学习网站，或者搜集一些和课程内容相关的有趣的实验或新闻，不断提高学生的学习积极性。其次，小组活动形式可以更具体化，比如，可以根据学生的不同特长进行分工，让善于组织活动的学生担任组长，善于记录的学生担任小组的记录人，组织能力强的学生担任核心发言人，而且，可以定期轮换小组的发言代表，以使组内每个学生都得到锻炼。

（点评人：北京师范大学教育学部　闻娟）

爱护我们身边的朋友

——“认识生物的多样性”教案及评析

苏海波[①]

教学背景

教学课时：1课时

教学准备：

1. 学生：调查身边的生物的种类；调查身边利用生物体制作的物品的种类和其他与生物有关的事物；复习与基因、生态系统相关的知识。

2. 教师：通过互联网搜索相关教学材料；制作多媒体课件；为学生进行编号分组。

教学目标

1. 领会生物多样性的含义，能列举出生物多样性的三个层次，并概述它们之间的关系；对我国生物的多样性和独特性有初步的认识；能够说明保护生物多样性的重要意义。

2. 通过对资料、问题的处理，培养整理、分析、归纳的能力和合作探究能力。

3. 培养民族自豪感；培养关注生命、保护环境的意识。

教材分析

“认识生物的多样性”是继初中生物学习以来的小结和升华。它是教材

① 苏海波，吉林省集安市财源镇中学。

在探究了生物圈中的植物、生物圈中的人和生物圈中的动物乃至生物圈中的微生物之后，来探究生物多样性的含义，目的在于让学生了解我国生物多样性的丰富和独特，启发学生分析、理解生物多样性的三个层次之间的关系，在此基础上增强学生保护生物多样性的意识，陶冶学生热爱生命的情操，这又是继前面学习内容后的升华。认识生物多样性的三个层次以及培养学生的归纳、推理等能力是本节课的教学重点，生物多样性三个层次之间的关系、理解基因的多样性、培养生态意识和环保意识是本节课的教学难点。本节课从认识生物多样性的三个层次上看：生物种类的多样性很直观，是知识的切入点；基因的多样性是关键，是知识点的深化；生态系统的多样性强化了知识间的联系。在教学活动中，主要采用简洁的方式，启发性的语言，由感性认识入手，调动学生的学习主动性，按照导学—自学—共学—检学的步骤，让学生在轻松的氛围中步入知识的殿堂，在好奇心和表现欲的作用下产生获取知识的渴望，从而以主人的身份去获取知识，积极动脑、动手，主动合作，自主探究，大胆拓展实践。在这个过程中，不仅能使学生习得获取知识的科学方法，而且能增强其认识客观事物的能力，进而提高其生物科学素养和人文素养。

教学重难点

1. 认识生物的多样性。
2. 认识生物多样性的几个层次及它们之间的关系。

教学方法

合作探究法、讲述法。

教学过程

一、激情导课，展示学习目标

教师播放视频《拯救中国生物多样性》。

师：通过视频，你们得到了什么启示？

设疑：生物多样性的内涵是什么？你能举例说明生物多样性的内涵吗？

（出示课件，展示学习目标。）

二、展示学习提纲，学生带问题自学提纲

1. 结合《中国生物多样性国情研究报告》，回答下面两个问题。

（1）在动物和植物中都有哪些类群？除动物和植物外，你还知道哪些生物类群？

（2）在《中国生物多样性国情研究报告》中，我国哪一类生物在世界上占有的百分比最高？哪一类相对较少？试计算我国上述几种生物类群总数占世界生物类群总数的平均百分比。

2. 举例说明生物基因的多样性。

3. 基因多样性对人类有什么意义？

4. 谈谈我国在基因利用方面的实际情况及贡献。

5. 你知道哪些生态系统？如何保护多种多样的生态系统？

6. 我们应该如何保护多种多样的生物？

三、以小组为单位共学并交流

1. 课件展示《中国生物多样性国情研究报告》资料，解决提纲1。

（1）通过上述资料你获得了哪些信息？

（2）除资料中提到的生物类群外，你还知道哪些生物类群？

（3）演示课件，让学生从生物类群的多样性中体会生物种类的多样性。

（4）演示课件，让学生从我国珍稀物种中体会生物种类的多样性。

（教师出示图片：熊猫、白鳍豚、金丝猴、朱鹮、扬子鳄、珙桐、银杉。）

熊猫

白鳍豚

金丝猴

朱鹮

扬子鳄

珙桐

银杉

【设计意图】通过对生物类群的认识，使学生从对生物类群的多样性认识过渡到对生物种类的多样性认识，同时通过图片展示我国特有的珍稀物种，使学生充分认识到我国的珍稀物种为保持世界生物种类多样化做出了很大的贡献。

师：生物种类的多样性实质上是生物基因的多样性，接下来，让我们共同探究生物基因的多样性。

2. 解决提纲 2，3，4。

（1）课件展示基因的定义。

（2）启发学生举例说明基因的多样性。

（课件展示基因多样性的例子。）

（3）课件展示多种转基因作物，使学生进一步体会基因的多样性。

（出示转基因大豆、转基因西红柿、转基因玉米图片。）

转基因大豆

转基因西红柿

转基因玉米

（4）小结转基因作物，充分体会基因多样性和生物种类多样性。

【设计意图】教学由基因的多样性和生物种类的多样性自然过渡到生态系统的概念，启发学生思考生物都生活在一定的生态系统中，那么承载多种多样生物的生态系统又是怎样的呢？

3. 解决提纲 5。

（1）启发学生回顾生态系统的类型。

（2）教师演示课件，展示七大类型的生态系统。

生态系统的七大类型

（3）通过展示多种多样的生态系统加深学生对生物多样性的认识。

4. 解决提纲 6。

我国生物种类的多样性为世界物种的多样性做出了很大贡献，我们应该如何保护多种多样的生物呢？

四、课堂检测

1. 演示课件，出示检测提纲。

2. 学生作答。

五、小结

师：同学们，如果有什么疑问，可以通过互联网搜索相关内容辅助复习。

教学反思

本课从“生物种类的多样性”“生物基因的多样性”及“生态系统的多样性”三个方面来引导学生认识生物的多样性，并在此基础上加深学生对生物多样性意义的认识，进而启发学生保护生物的多样性。本节课首先通过网络搜索，查到相关的视频、图片和文字资料，图文并茂，使学生深刻理解了生物多样性的含义及保护生物多样性的意义，因此，再在此基础上启发学生思考如何保护生物的多样性则水到渠成了。互联网的使用使课堂上引进了有声有形的资料，激发了学生学习的兴趣和积极性，更有利于重点和难点的突破，拓展了学生的知识面，增加了课堂的容量。让学生以小组为单位通过互联网搜索资料，充分培养了学生收集、整理和运用资料的能力。在教学过程中，我充分尊重学生的主体地位，通过探究，让学生掌握了探究学习的方法，体验了利用互联网学习的价值。

（所获奖项：三等奖）

专家点评

本教案结构完整，思路清晰，导学—自学—共学—检学的教学步骤具有一定的教学意义。在教学中加入学生课前准备的相关资料是本教案的特点，它能够提升学生的学习效果和教师的授课效果，帮助学生更快地接受新知识。在自学过程中，学生能够逐步养成独立思考和自主学习的习惯，进而提升整合和归纳能力；小组学习与交流，有助于培养学生的团队合作精神和资源共享精神；最后对学习成果的检验，既可以让学生发现自己的知识盲点，也有助于教师进一步完善课堂教学。

但是，教案中的细节之处也存在些许不足。第一，教学过程中的最后一步，让学生自己上网搜索知识，这一环节的设计太过粗糙，希望可以有更为完善的活动组织形式，以使学生达到最佳的学习效果。第二，在课前准备方面，教师是否可以为学生提供一个学习单，提供课前学习的知识点，让学生清楚地知道需要做哪些课前准备。整个教案基本上运用了网络资源、PPT、板书等教学手段，希望可以有更多新颖的教学手段出现，比如，学习单、生物实验等。第三，在检测学生学习成果的环节，希望可以通过形成性评价和总结性评价进行测试，即不仅要关注学生的最终成绩，而且要重视学生对学习方法的掌握。

（点评人：北京师范大学教育学部　闻娟）

人体神经调节的结构

——“神经调节的结构基础”教案及评析

王雨海[①]

教学背景

教学课时：1课时

教学准备：

1. 学生：预习课文，了解神经系统的组成；完成课后习题。

2. 教师：制作多媒体课件，尽量做到图文并茂、引人入胜；准备脊髓和脊柱模型以及脑的组成模型。

教学目标

1. 描述神经系统的组成，了解神经系统的功能，理解神经系统结构和功能的基本单位——神经元；了解脊髓的位置、结构和主要功能；了解脑的位置和组成以及小脑和脑干的主要功能；理解大脑皮层的功能和主要的功能区。

2. 学会以解决问题为核心的学习方法；提高文字阅读和文字信息处理能力；培养自学能力、观察能力、思维能力、分析问题和解决问题的能力。

3. 激发对人体的好奇心和学习兴趣；体验生命的物质性；进一步理解生物体的结构与其生理功能相适应的生物学观点。

教材分析

人体是一个统一的整体，人体的各个器官和系统能够密切配合、协调

① 王雨海，山东省青州市东夏初级中学。

活动，有赖于神经系统的调节作用。本节内容是本章的重点，也是难点，具有承上启下的作用，可以为进一步学习神经调节的基本方式等内容打下坚实的基础。本节概括地介绍了神经系统的组成，指出了神经调节是通过神经系统来完成的。了解结构是理解功能的必要知识基础，本节较详细地说明了神经元的一般结构、功能与分布，然后分别对脊髓和脑的结构与功能做了扼要的介绍，注重从实际出发、从实际入手。本节教学内容较为抽象，所以教材提供了资料分析、插图等材料，还将生活中的实际事例和现象与本节的学习内容相结合，引导学生产生联想、提出疑问，调动学生的主体参与意识。

教学重难点

1. 神经元的结构和功能，脊髓和脑的位置、结构和主要功能，大脑皮层的主要功能。

2. 脊髓的传导功能、大脑皮层的功能和主要的功能区。

教学方法

讲授法、自学法、分组讨论法。

教学过程

一、激趣导学

1. 身心放松

伴随优美的音乐，欣赏视频《双人花样滑冰表演》。

2. 温故知新

师：激素调节对人体有什么作用？（中等生回答）

师：人体的结构和功能的基本单位是什么？它包括哪几部分？（学困生回答）

3. 激趣引入

（1）看完花样滑冰运动员的表演，我们无不感叹运动员那高超的技艺，那么他们的身体为什么能如此协调，这种协调又是靠什么调节的呢？

（2）人在路上行走，听到后面有自行车铃声或汽车的喇叭声，会立刻停下脚步或有意向路边靠，这是怎么回事？

（3）每当人跑步时，心脏跳动就会加快，呼吸也会加快，这是怎么回事？心脏和肺怎么知道你是在跑步？

学生交流后教师引导：以上事实说明，人体各器官系统能够对环境的变化做出调整，并能协调体内各器官系统之间的活动，使人体成为一个统一的整体，这一过程主要是由神经系统来完成的。因此，神经系统是人体自主调节的主要结构。

二、讲授新课

（出示课件，展示本节课的教学目标。）

分步骤向学生展示本节课的自学和探究提纲，引导学生自学、探究，教师适时进行点拨。

1. 神经系统的组成

（出示神经系统模式图。）

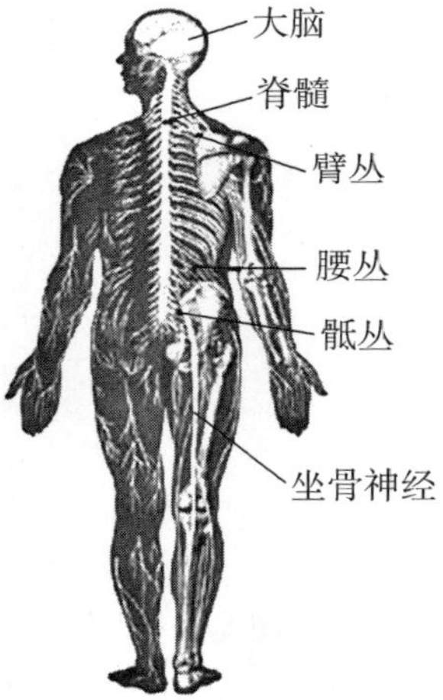

神经系统模式图

师：神经系统由哪几部分组成？怎样描述更合理、更确切？

（学生自学教材，学困生回答。）

师：（小结）神经系统是由脑、脊髓和它们发出的神经组成的，或者说，神经系统是由中枢神经系统和周围神经系统两部分组成的。

2. 神经元

（1）出示人体神经元和口腔上皮细胞的图片。

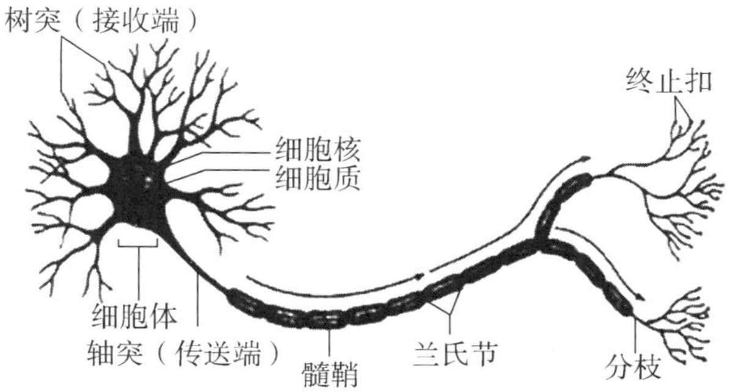

神经元的结构

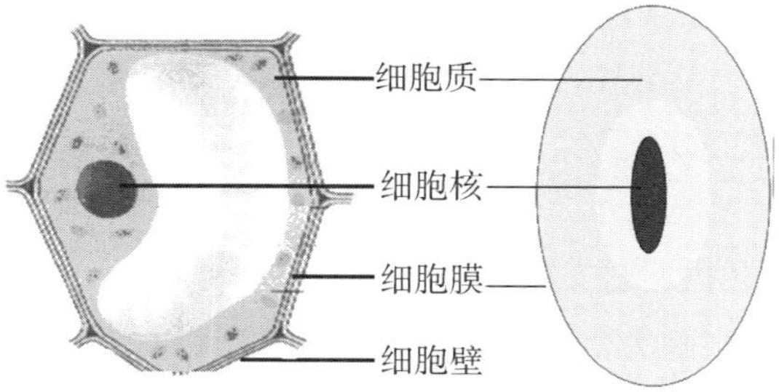

口腔上皮细胞

出示讨论问题：神经元细胞与其他细胞有什么异同？这与神经元的功能有什么关系？什么是神经冲动、神经纤维、神经末梢和神经？

分组讨论后，各组派代表发言。

（2）出示中枢神经系统图片。

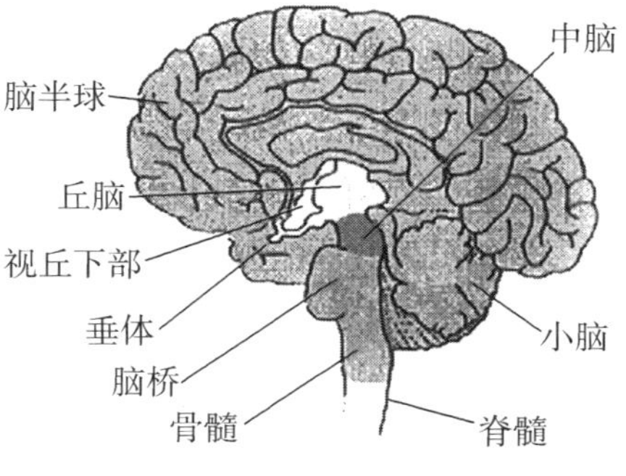

中枢神经系统

教师精讲点拨：神经元是神经系统结构和功能的基本单位，神经元由细胞体和突起两部分组成。神经元受到刺激会产生一种生物电变化，并进行信息传递。在中枢神经系统中，神经元细胞体集中的地方色泽灰暗，叫作灰质；神经纤维集中的地方色泽亮白，叫作白质。在周围神经系统中，神经元细胞体集中的地方，形成神经节，如脊神经节；神经纤维则集结成束，形成神经。

3. 脊髓

师：同学们，你们知道脊髓灰质炎这种病吗？脊髓灰质炎也叫小儿麻痹症，发病严重时，可导致患儿下肢瘫痪，无法行走，给孩子的一生带来极大的痛苦，也给其家庭带来沉重的生活负担。想了解这种病是怎么发生的吗？其实，这种病与脊髓受病毒侵害有关。

（出示脊髓模型和脊柱模型。）

师：脊髓位于什么地方？从横切面上看，脊髓由哪两部分组成？分别位于什么位置？

（学生回答。）

（播放视频《搔扒反射实验》。）

出示问题：该实验为什么必须破坏青蛙的脑？如果蛙脑没有完全除尽，对实验效果会有什么影响？破坏青蛙脊髓的步骤在实验中有什么作用？通过这个实验，你认为脊髓有什么功能？

学生讨论后各组派代表进行交流。

师：假设你是一名神经科的医生，有三名患者前来就诊，请你阅读下面的资料，对他们的病情做出诊断。

（出示资料和讨论问题。）

资料：有三个人（甲、乙、丙）在一次交通事故中受伤，经检查发现他们的脑部活动都正常。为了检查他们神经系统的其他部位是否受损，又对他们做了进一步的测试，结果如下表。

患者	患者蒙上眼睛所接受的测试	测试结果
甲	以针尖刺甲的指甲	甲感觉痛但没有缩手
乙	以针尖刺乙的指甲	乙不感觉痛亦没有缩手
	命乙移动他的手	乙可以移动他的手
丙	以针尖刺丙的指甲	丙立刻缩手但完全不知道有针刺及缩手动作的发生

思考和讨论：在甲、乙、丙的神经系统中，最有可能受损的部位分别在哪里？

学生自主学习教材，小组讨论患者发病的原因，教师巡回指导。

教师精讲点拨：脊髓位于椎管内，由位于中央的蝴蝶形的灰质和位于周围的白质组成，脊髓灰质中有许多低级的反射中枢，可以完成一些基本的反射活动，如排便反射、排尿反射、膝跳反射、缩手反射等，但在正常情况下这些动作是受大脑控制的。白质里含有大量的神经纤维，通过它把全身的神经和脑联系在一起。脊髓灰质炎就是病毒侵害了脊髓灰质前角里的运动神经元所致。

4. 脑

（1）出示有关脑的结构和功能的自学、探究提纲。

① 脑位于什么位置？它由哪几部分组成？

② 大脑的灰质和白质的位置与脊髓的灰质和白质的位置有什么不同？

③ 调节身体生理活动的最高级中枢是什么？其上面有哪些重要的神经中枢？你能说出它们的大致位置吗？

（2）引导学生自学课本上的相关内容，分别找几个学困生和中等生回答问题。（出示分析讨论的问题）

① 有个病人得了半身不遂（中医称“中风”），右侧躯体不能自主运动，请帮助医生分析一下，该病人的什么部位出现了问题？

② 动脑筋：同学们正在上晚自习，突然停电了，教室内漆黑一片，可是小明同学仍然在一如往常地看书，这是怎么回事？

③ 有人做过这样的实验：把狗的小脑切除，狗的行动就不协调了，走路的时候，腿抬得很高，步子迈得很大，姿势失调，行动笨拙；进食时，嘴老是在食物旁边碰来碰去，要经过多次的失败后才能偶尔吃到食物。请根据以上实验，推断小脑具有什么主要功能？

④ 有人说脑干中有“活命中枢”，你认为这种说法有道理吗？教师出示脑的模型，让学生仔细观察，学生分组自学、讨论，教师巡回指导。各小组派代表进行交流。

教师精讲点拨：人的大脑表面有许多凹陷的沟和隆起的回，大大增加了大脑皮层的总面积。大脑皮层上有许多重要的神经中枢，如躯体运动中枢、躯体感觉中枢、语言中枢、视觉中枢、听觉中枢，因此，大脑皮层是调节人体生理活动的最高级中枢。小脑的主要功能是协调运动，维持身体的平衡。脑干中有调节人体基本生命活动的中枢，如呼吸中枢和心血管运动中枢等，如果脑干受到损伤，将直接影响呼吸和心脏的活动，甚至危及生命，所以说，脑干中的中枢有“活命中枢”之称。

三、小结

引导学生总结本节的知识要点，形成知识网络。

- 神经系统的组成
  - 脑、脊髓——中枢神经系统
  - 神经（脑神经、脊神经）——周围神经系统
- 神经元
  - 细胞体：构成灰质（中枢神经系统中）和神经节（周围神经系统中）
  - 突起
    - 轴突
    - 树突
- 脊髓
  - 位置：椎管内，上端与脑相连
  - 结构：灰质和白质
  - 功能：反射功能和传导功能
- 脑
  - 大脑：大脑皮层是最高级中枢，含有许多重要的神经中枢（躯体运动中枢、躯体感觉中枢、听觉中枢、视觉中枢、语言中枢等）
  - 小脑：协调运动，维持身体平衡
  - 脑干：含有呼吸中枢和心血管运动中枢等重要神经中枢

教学反思

本节按照和谐教学法的基本规则和理念，借助现代化教学手段，充分调动了学生的积极性和主动性，学生思维敏捷，课堂讨论热烈，气氛活跃。学生不仅掌握了本节的基础知识，而且培养了自学能力、观察能力以及分析问题和解决问题的能力。同时，学生加深了对生物体与生理功能相适应的生物学观点的理解，从而更加热爱生命、热爱生活。

（所获奖项：三等奖）

专家点评

本教案全面而详细，思路清晰，知识点有条理，较为突出的优点有：第

一，教学目标的编写细致而有层次，尤其是对技能目标的阐述具体而合理；第二，教学中运用了课件和模型，使抽象的知识具体化，便于学生理解，教学最后展示了知识结构图，有助于学生梳理新知识，形成完整的知识体系；第三，针对不同学生现有知识结构和数量的不同，教师提出了不同难度的问题，旨在激发基础薄弱的学生的学习兴趣；第四，教学有意加入了学生探究学习的部分，通过观看图片和阅读教材的方式，教师提出问题，学生发现问题、解决问题；第五，教师注重培养学生分析问题的能力，为学生提供实验资料，在小组讨论后，给出问题的答案。

但是，教案中也有一些需要改进之处。第一，在小组讨论环节的设置上，教师可以进一步优化小组学习方式，让组织能力强、好学的学生作为组长，带领小组成员共同学习成长；在讨论发言环节中，尽量让每个学生都有发言的机会，锻炼每个学生的逻辑思维能力和自我表达能力。第二，使用互联网搜索时，搜索内容和搜索方式应更加多元化，网络上相关的精品课程和实验都可以作为教学资源，同时也可以尝试让学生利用网络进行学习和知识的检索。

（点评人：北京师范大学教育学部　闻娟）

自然选择下的生物进化

——“生物进化的原因”教案及评析

麦春明①

教学背景

教学课时：1课时

教学准备：

1. 学生：准备模拟保护色的形成的探究活动材料，制订模拟探究方案。

2. 教师：利用互联网搜索相关教学资料，制作多媒体课件；准备多媒体教室，保证每个学生都能使用电脑，并可以通过互联网搜索相关图片资料。

教学目标

1. 概述自然选择学说，形成生物进化的基本观点，并能运用生物进化观解释自然界中的生物进化现象；学习科学探究的一般方法，提高科学探究的能力。

2. 通过分析英国曼彻斯特地区桦尺蠖体色变化的原因和模拟保护色的形成过程，分析保护色的形成原因，理解以自然选择学说为核心的生物进化理论；通过描述并分析长颈鹿的进化过程，培养学生的分析能力。

3. 通过分析桦尺蠖的工业黑化现象，进行潜移默化的环境保护教育，培养严谨的科学态度及坚持真理的科学精神。

---

① 麦春明，广东省佛山市三水区西南街道第六中学。

教材分析

“生物进化的原因”这节内容是学生学完“地球上生命的起源”和“生物进化的历程”之后才开始学习的重要知识点，主要包括“分析生物进化的原因”以及“自然选择”两部分内容。本节首先利用英国曼彻斯特地区的两种桦尺蠖的数量随环境的变化而改变的真实案例，引导学生进行科学探究，让学生对生物进化的过程和原因形成感性认识，然后引入自然选择学说的内容，让学生理解生物进化是自然选择的结果。

教学重难点

1. 简述英国曼彻斯特地区的两种桦尺蠖的数量随环境的变化而改变的事例，理解生物进化的过程和原因。

2. 通过模拟保护色的形成过程分析生物进化的原因。

教学方法

讲授法、情境导入法、分组讨论法、自主学习法、自主探究法。

教学过程

一、复习旧知，导入新课

师：上节课我们学习了生物进化的大致历程，并对此有了简单的了解，接下来让我们一起复习上节课的有关内容。

（出示生物进化树图片。）

引导学生根据动植物进化的大致过程，尝试总结生物进化的一般规律。

二、讲授新课

师：通过上节课的学习，我们知道在生物进化的过程中，不断有老物种的灭绝和新物种的产生，这是为什么呢？推动生物不断进化的原因是什么呢？让我们通过下面一个事例来分析生物进化的原因。

（一）分析生物进化的原因

（播放视频《桦尺蠖体色变化的分析》。）

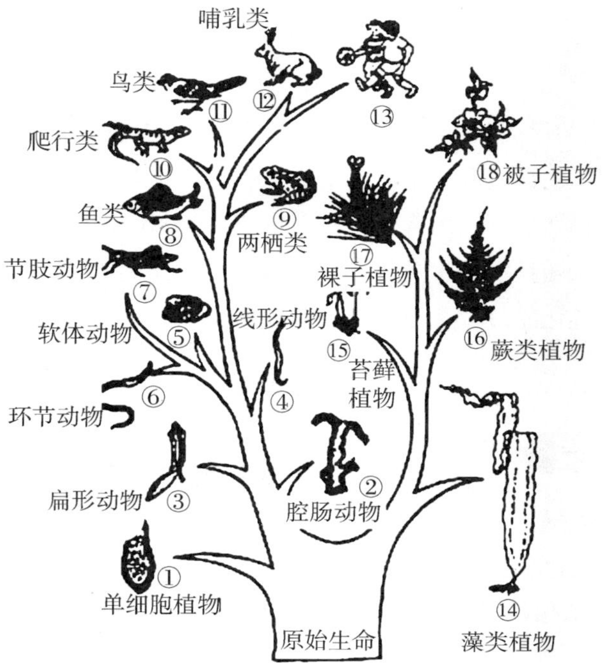

生物进化树

1. 讨论

(1) 黑色桦尺蠖的出现对于后代的生存是有利的吗?

(2) 黑色桦尺蠖的数量由少数逐渐变为多数,而浅色桦尺蠖数量逐渐减少,这主要受什么影响?

(3) 从桦尺蠖体色变化这一事例中,你受到了哪些启发?

(学生分小组讨论并归纳结论。)

2. 引导学生开展探究活动

(归纳总结学生的意见,引导学生开展探究活动。)

(1) 提出实验要求,说明注意事项:明确分工、认真负责、团结合作。

(2) 教师巡视指导,强调注意事项,学生探究,记录探究数据,分析数据,汇报实验结果。

(3) 教师小结,辅助学生展示实验结果,并进行简单评价。

(4) 引导学生分析保护色的形成过程。

3. 教师小结、提问

师:通过对桦尺蠖体色变化的分析我们知道了,“遗传和变异”是桦尺蠖体色变化的基础，而环境的改变是其体色变化的外在影响因素。

教师提问。

① 由桦尺蠖体色变化的分析，我们可推想，生物圈中不同种类生物的进化原因是否与这一事例相类似呢？

② 如果想使英国曼彻斯特地区的浅色桦尺蠖恢复为常见类型，你认为有可能吗？如果可能，应该怎样做？

师：生物在适应环境方面除了形成保护色外，还可以形成警戒色或进行拟态等，我们现在通过图片资料简单了解一下这几种现象。（教师出示鸟类的保护色图片）

① 保护色

鸟类的保护色

② 警戒色

具有警戒色的青蛙

③ 拟态：竹节虫、枯叶蝶

拟态，生物模拟成另一种生物，隐藏在周围环境中，不易被其天敌发现。

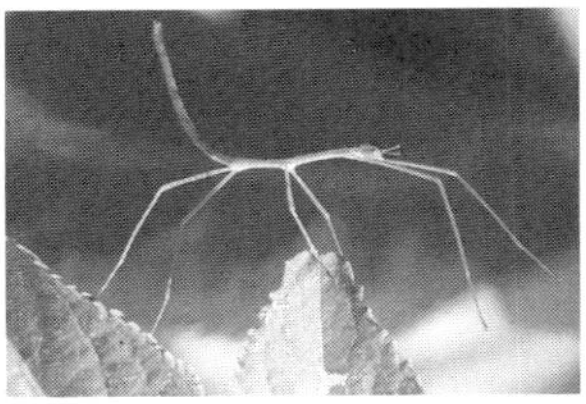

竹节虫模拟绿色叶子

枯叶蝶模拟干枯的落叶

4. 教师小结

师：像保护色、拟态、警戒色等都是生物在进化过程中，为了适应自然环境而逐渐形成的适应性特征。由此，我们可以看出环境在生物进化过程中所起的作用，生物只有适应不断变化的环境才能生存和繁衍。

5. 学生讨论，得出结论

生：生物进化的基础是遗传与变异，其动力是环境的改变，生物只有适应不断变化的环境才能生存和繁衍。

（二）自然选择

师：其实以上我们所讲的观点都可以用达尔文的自然选择学说来解释。

（学生利用互联网搜索对“达尔文”的简介。）

师：下面我们来观看一段视频，以长颈鹿为例，了解一下自然选择学说的内容。

（播放视频《生物进化的原因》。）

1. 提出问题

（1）古时候，长颈鹿的数量为什么会越来越多呢？

（2）颈短的古代长颈鹿为什么会死呢？

（3）古代长颈鹿的颈长比颈短的优势在哪里呢？哪种性状会得以保留下来呢？

（4）大家能用自然选择学说来解释桦尺蠖体色变化的原因吗？

（学生分组讨论。）

2. 教师总结生物进化的原因

师：自然选择就是指自然界中的生物在生存斗争中的适者生存、不适者被淘汰的现象。生物的进化就是自然选择的结果。

三、课后延伸

师：目前生物进化的历程是否已经完成？如果还在进行，我们为什么感觉不到？

教学反思

本节知识点是本章的重点内容，其中还安排了探究活动。本节的教学既有成功之处，也有不足的地方。

成功之处：第一，通过模拟探究、讨论分析等教学方法拉近学生和抽象知识的距离，使抽象的知识具体化，很大程度上降低了学生对抽象知识的陌生感。

第二，使用互联网辅助教学，学生可自行通过互联网搜索资料、图片或者视频教学资源，比较省时、方便，而且通过每个学生的搜索，收集的资料更加齐全，有利于小组同学间的相互学习、交流。

不足之处：本节内容以桦尺蠖的黑化作为例子，虽然有效地培养了学生的环保意识，但是所引用的课外知识较少，学生的环保观念没有得到进一步的深化。在以后的教学中，可以让学生利用互联网搜索一些关于亚马孙热带雨林的多物种生态系统的图片，让他们充分感受自然界的千姿百态和丰富多彩，同时让学生理解人类活动对大自然的重要影响，提高学生的环境保护意识。

（所获奖项：三等奖）

专家点评

该教案整体结构完整，思路清晰。教学方式突破了传统的讲授式教学模式，采用了分组讨论、自主学习与探究学习等方法。除了注重对知识本身的学习，更加注重学生对学习方法的掌握，尤其是在分析问题和自主探究问题方面。教学前的准备十分充分，包括教师教学的准备、教室的准备以及学生实验的准备。在整个教学过程中，多次出现了教师提问、学生讨论和归纳意见、教师总结的环节，培养了学生自主学习和归纳的能力。课后延伸部分体现了将问题带到课堂之外的意识，促进学生继续深入学习与探讨。该教案最大的亮点就是采用了课上实验的方式，将抽象的知识具体化，易于学生理解，提高了学生的学习兴趣，加深了学生对知识点的掌握。教学反思部分详尽地说明了此次教学活动的不足以及具体的修改建议。对网络搜索的应用比较合理，有明确的搜索内容，且设置的搜索问题简单可行，有助于学生的学习。

但是，该教案也有一些需要进一步完善的地方。希望教师可以对教学效果进行评价，比如，课堂测试题、教师提问、学生对知识掌握情况的自我评价以及同学之间的互相评价，以便教师对学生的学习情况有大致的了解，为今后教案的改进和实施提供明确的方向。

（点评人：北京师范大学教育学部　闻娟）

人体内的交通网

——“人体内物质的运输”教案及评析

王小丽[①]

教学背景

教学课时：1课时

教学准备：

1. 学生：复习显微镜的使用方法；利用互联网搜索白血病、义务献血等相关知识。

2. 教师：准备学生在实践基地拍摄的照片，鸡血（加柠檬酸钠的和不加的各一份），显微镜9台；制作多媒体课件。

教学目标

1. 学会用显微镜观察人血涂片。

2. 能读懂血常规化验单。

3. 描述血液的成分和主要功能，了解血液中各成分的正常含量，尝试识别红细胞和白细胞。

教材分析

食物中的营养物质和大气中的氧被人体吸收后，怎样才能运送到全身各处的组织细胞中被利用？组织细胞产生的二氧化碳和其他废物，又怎样被运离细胞呢？在学习了食物的摄取、消化和吸收之后，顺理成章地就要学习

① 王小丽，浙江省温州市三十九中。

“人体内物质的运输”。血液、血管和心脏具有各自的结构和生理功能，它们共同构成了整个血液循环系统，血液是其中的第一部分内容。

教学重难点

1. 用显微镜观察人血涂片。
2. 读懂血常规化验单。

教学方法

谈话法、点拨法、分组实验讨论法、自学释疑法、练习法。

教学过程

一、情境导入

师：上周六，我们在实践基地准备了丰盛的午餐。说到吃饭，我们体内的小肠是消化和吸收食物的主要场所，那么，小肠吸收的营养怎样到达大脑呢？

生：通过循环系统。

师：被小肠吸收的营养素和呼吸进来的氧，以及人体产生的二氧化碳等物质是怎样到达身体的其他组织或运出组织细胞的呢？这节课我们将学习有关人体内物质的运输的内容。

二、讲授新课

师：胡鲜玉同学在切菜的过程中不小心把手指切破了，下面我们围绕胡鲜玉同学的伤口，回答以下几个问题。

1. 新鲜的血液为什么呈红色？

生：因为血液里面含有红细胞（部分学生回答）。

师：红细胞里面有一种红色含铁的蛋白质，叫血红蛋白，是它使血液呈现红色。

（出示电子显微镜下的红细胞图片。）

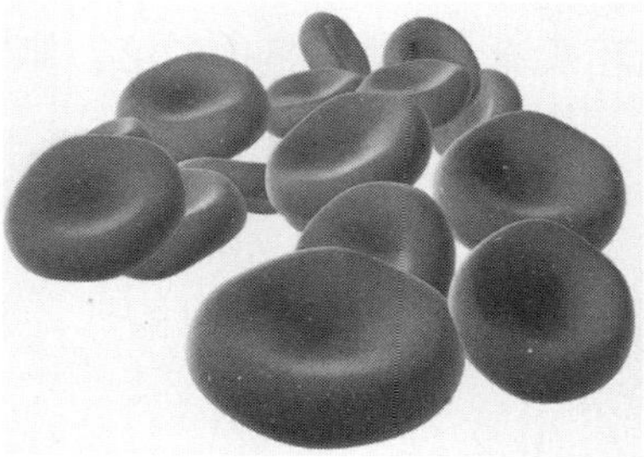

电子显微镜下的红细胞

（学生观察图片。）

结论：血块接触氧的部分，颜色鲜红；不接触氧的部分，颜色暗红。

师：通过上面的分析，你能总结出血红蛋白的性质吗？

生：血红蛋白的特性是在氧含量高的地方容易与氧结合，在氧含量低的地方又容易与氧分离。

2. 一段时间后，伤口处的血液为什么凝固了？

生：因为血液中有血小板。

学生观察血小板凝固过程的照片，自己归纳血小板的作用。

3. 伤口处流脓是什么原因？

生：因为白细胞在吞噬病菌。

（播放视频《白细胞吞噬细菌》。）

师：血细胞中的红细胞有运输氧的功能，而白细胞和血小板是红细胞的坚强后盾，这个观点同学们赞成吗？血液中还有其他的成分能运输物质吗？（由此过渡到对血浆的学习）

4. 伤口处不流血的时候，你观察到了什么？

生：伤口处有黄色的液体渗出。

师：这种黄色的液体就是血清。

教师展示两位同学收集的鸡血样本（加抗凝剂的和不加抗凝剂的各一份，如下图）。

（展示课件——血浆和血清的区别。）

生：老师，你课件上右边这幅图中的血清比例怎么和之前采集到的样本相差这么大？

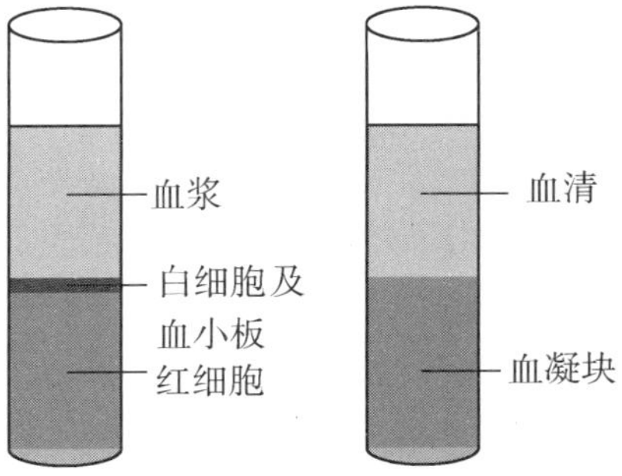

师：刚才这位同学的问题问得很好，这幅图片老师没经过任何加工，是从教学光盘中复制过来的，是否是制图的老师犯了科学性的错误呢？我们把这个问题当作今天的作业，同学们可以通过互联网搜索相关信息，下一节课我们来分析。

【设计意图】意想不到的课堂生成，当场没法及时判断，布置作业旨在激发学生兴趣，让学生向教师和教科书挑战。

课件展示血浆的功能和血浆的成分，并板书：血浆有运输营养物质和废物的作用。

师：以上的一些观察，我们是在电子显微镜下进行的，而我们实验室用的是光学显微镜，今天我们就通过显微镜来观察人血涂片。（过渡到显微镜观察人血涂片）

（学生小组活动，5 人一组观察涂片。）

师：你们能看到几种细胞？

生：两种。

师：（总结）红细胞很多，白细胞数量很少，但体积最大，血小板最小，在显微镜下观察不到。大家看到，对一个正常的成年人来讲，血细胞的含量有固定范围，那么，人生病的时候，体内血细胞的含量会发生变化吗？

教师出示化验单，请同学们来当小医生进行诊断。

（课件展示白血病的定义以及白血病和贫血的区别。）

对于一个健康的成年人来讲，当其周围的生活环境发生比较大的改变时，血细胞的含量会发生怎样的改变呢？

（出示西藏和温州地区的图片。）

西藏

温州

引入情境：林老师是温州人，由于工作的需要，他曾被派往西藏支教两年，刚开始的一段时间，林老师很不适应那里的空气，经常感到头晕，但一段时间以后，头晕的问题消失了。两年过去了，林老师即将回到温州，但回温州前需要到昆明待上一段时间，这又是为什么呢？

生：在缺氧的环境下，红细胞的数目会增加（有部分学生说会减少）。

教师展示林老师的化验单，引导学生结合证据分析后得出结论。

师：儿童的化验单中的数值标准和成人的一样吗？如果不一样，是不是说明人体内血细胞的含量会随着年龄的改变而改变？

（课件展示：健康的成年人的血液总量占其体重的7%～8%，人体的血细胞每时每刻都在经历着衰老和死亡，如红细胞每秒更新200多万个，大约60天左右全身的红细胞会更新一半。）

师：那么人体怎样维持血细胞含量的稳定呢？

生：红骨髓可以产生血细胞。

学生讨论献血现象，教师利用互联网搜索献血的相关材料。

师：你知道煤气中毒是怎么回事吗？（此处是对血红蛋白知识的拓展，增强学生的安全意识）

生：血红蛋白极易与一氧化碳结合，形成碳氧血红蛋白，使血红蛋白丧失携氧的能力和作用，导致组织窒息。

三、课堂小结

师：本节我们主要学习了“人体内物质的运输”，通过用显微镜观察人血细胞的涂片，认识了红细胞、白细胞、血小板，还有它们在人体内如何维持血液平衡和物质运输的功能。课下，同学们可以通过互联网搜索相关内容进行拓展学习。

教学反思

本校是农民工子弟学校，由于家长工作繁忙，加上知识层次普遍不高，缺乏对学生在科学使用互联网方面的指导，导致网瘾少年较多。对一线的科学教师来讲，合理利用互联网，把枯燥的说教融合在学生感兴趣的课堂学习中，是一举多得的教学策略。

本节课事先让学生准备白血病、献血等方面的知识。在课堂教学中，学生提出对我收集的血清比例图的困惑并通过互联网解决问题，由此学生明白了一个道理：教师的知识是有限的，教材也会出错，借助互联网可以解决困惑。高倍电子显微镜、学生用的光学显微镜等科学仪器为探索生物学的奥秘提供了途径，通过接触和使用这些仪器，学生的科学探索能力和实践能力得到了提升。

在教学中，我发现引入互联网能把教师从传统的角色中解放出来。利用互联网做好充分的准备，再结合学生身边的资源，激发学习兴趣，让学生充分体验到知识应用的乐趣。在我的组织下，学生自主实现了知识的获取，整个教学过程很轻松，让我体会到了互联网在教学中的魅力。

但是，目前我感觉最困难的是如何让全班同学受益，而不仅仅是小部分学生；课堂上的时间非常有限，布置的作业以口头作业为主，检查作业的手段还比较单一；如何让学生把互联网当作学习的好帮手，科学合理地使用互联网，也需要一线教师继续探索。

（所获奖项：三等奖）

专家点评

该教案的教学目标全面而具体，课前准备充分得当，对实验过程的描述也非常到位。直观的实验一定会引起学生探究问题的兴趣，但是值得注意的是，实验过程中几乎没有设置小组合作探究的环节，这样的教学仅仅能够培养学生独立思考问题的能力，并不能够加强学生之间的合作。教师可以在课堂的最后设计一个有探索价值或有一定深度的问题，组织学生进行合作探究学习，以达到更好的教学效果。另外，该教案还有一个突出的特点是，让个别同学通过互联网搜索问题，并在课上回答其他同学不会的问题，从而带动其他学生利用互联网解决问题。这个设计很新颖，但是教案中没有体现出应用这种方法最后的效果怎样，以及教学是否按照预期的方向发展。

此外，该教案中还存在一些问题。内容组织缺乏条理，比如，教学目标应该从知识与技能、过程与方法、情感态度与价值观这三个维度进行阐述。此外，教案中没有提到如何把控实验的时间，学生是否能够完成所有的实验步骤，对教学的评价也需要更具体化、多样化，为今后完善教学提供方向。

（点评人：北京师范大学教育学部　闻娟）

谁决定了我们的基因

——“细胞核是遗传信息库”教案及评析

王雅平[①]

教学背景

教学课时：1课时

教学准备：

1. 学生：准备模拟活动用的材料，包括四种不同颜色的丝带以及双面胶、礼品盒。

2. 教师：利用互联网搜索相关多媒体课件作为参考；制作多媒体课件。

教学目标

1. 通过了解克隆羊的科学技术，明确遗传信息在细胞核中；能用自己的语言描述细胞核、染色体、DNA、基因与遗传信息的关系；通过模拟活动，明确遗传信息的载体是DNA，遗传信息具有多样性；通过了解科学发现史，培养学生的科学探究兴趣。

2. 通过了解克隆羊多利的身世，提高分析信息的能力；能用比喻、举例等方法总结出“在细胞中，物质和能量的变化是由细胞核内的遗传信息控制的”这一结论。

3. 了解DNA是遗传的物质基础，形成实事求是的科学态度，感悟生命的博大与宽容。

① 王雅平，河南省焦作市解放区实验学校。

教材分析

本节内容比较抽象，理论性很强，有很多新的名词，学生不容易理解这些名词的概念及相互之间的关系，细胞核是细胞的控制中心，因此，本节在本章中占据着非常重要的地位，可考虑改变教材中的教学顺序。因此，教师应引导学生沉下心来，认真学习各个概念及相互之间的关系，并理解其意义。对于学生感兴趣的现代生物技术新领域，教师可充分利用互联网搜索并补充相关内容，并鼓励学生课后查找资料，积极探索现代生物新技术。

教学重难点

1. 了解细胞核是遗传信息库，遗传信息的载体是DNA；理解细胞核、染色体、DNA、基因与遗传信息的关系。

2. 了解遗传信息的多样性。

教学方法

本节课大胆开发课程资源，以科学的发现史为序，依次教学遗传信息在细胞核中、染色体、DNA、基因等知识点；利用互联网搜索相关资料，通过多媒体形象地展示资料；采用逐层点拨，启发引导等教学方法和讨论、小组合作、归纳总结、自主探究等学习方式。

教学过程

一、引入新课

师：大家进入初中阶段的学习已经有两个多月了，相信同学们互相之间已经做了一些观察和了解，那么，老师想知道咱们班的“第一美女”和“第一帅哥”分别是谁？

（学生反应强烈，热情推荐。）

师：男生比较勇敢，老师先问男生。

师：（问“第一帅哥”）你有没有注意过，你的什么地方长得像你的妈妈，什么地方长得像你的爸爸？

（学生答，略。）

师：为什么？为什么你和你的爸爸妈妈有那么多相似之处？

（学生尝试回答。通常学生回答得不准确，教师可适时点拨。）

师：（问“第一美女”）那么，你的什么地方长得像你的妈妈，什么地方长得像你的爸爸？

（学生答，略。）

师：哦，原来你遗传了你父母的优良基因，所以你才成为大家公认的“第一美女”。

教师明确遗传信息的定义：受精卵内具有经父母遗传下来的指导身体发育的全部信息，即遗传信息。那么，遗传信息存在于哪里呢？

二、抽丝剥茧，逐层深入

1. 遗传信息在细胞核中

（教师介绍克隆羊多利，播放视频《克隆羊多利诞生》。）

师：咱班哪位同学的声音最响亮？现在请这位同学阅读教材上的内容，其他同学看课件，然后，思考三个问题：①A、B、C 三只羊各提供了什么？②多利长得像 A、B、C 三只羊中的哪一只？③细胞的遗传信息在哪里？（学生边读书，教师边用课件展示克隆羊多利的诞生过程。）

由多利长得几乎跟 B 羊一模一样明确一个信息：遗传信息存在细胞核中。

教师出示练习题：科学家将棕鼠乳腺细胞的细胞核取出，植入白鼠的无核卵细胞内，然后将融合而成的新细胞植入黑鼠的体内，产下的小鼠会是什么颜色？你的依据是什么？

（学生答，略。）

师：原因是什么？

师生再次共同小结：遗传信息存在细胞核中。

师：那么，遗传信息具体在细胞核的什么位置呢？

2. 染色体

（1）出示电镜下的染色体的图片。

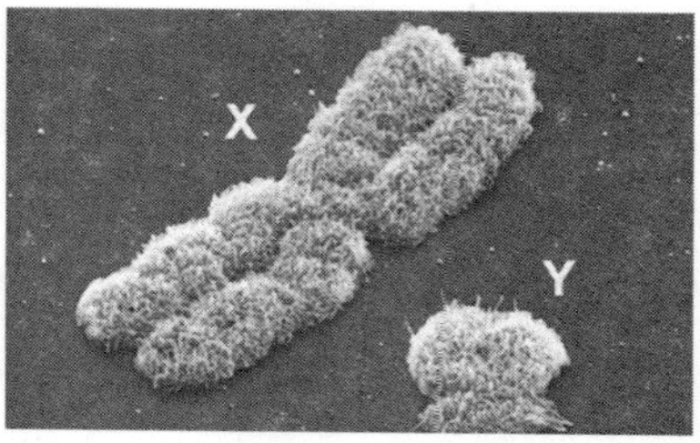

电镜下的染色体

师：如果将正在分裂的细胞用碱性染料染色，放在显微镜下观察，你会发现细胞核中有许多被染成深色的物质，这些物质在细胞分裂时活动得最明显，而且很有规律，这些物质是什么呢？

（学生答，略。）

教师指导学生观察显微镜扫描下的人类细胞染色体、人类染色体组图片。

（出示人类细胞染色体组图片。）

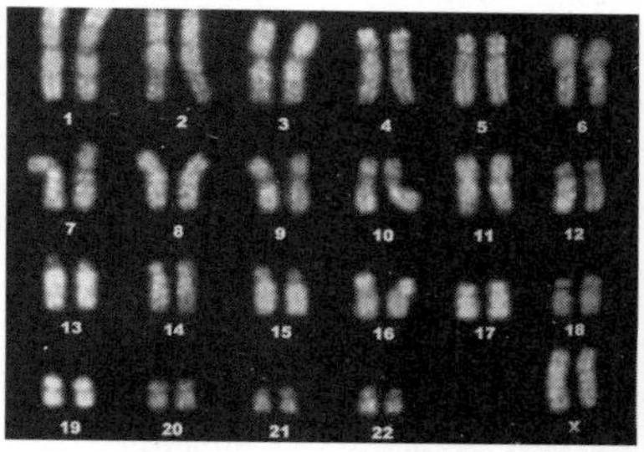

人类细胞染色体组

师：人类有 23 对染色体，其中最后一条是性染色体，它决定了你的性别。而洋葱有 16 条染色体，玉米有 20 条染色体。

结论：每一种生物的细胞内，染色体的数量都是一定的。

（2）唐氏综合征的原理。

唐氏综合征患者的第 21 对染色体上多了一条染色体，因此，唐氏综合征患者的智力都有问题。

结论：染色体数量的恒定对生物正常的生活和传宗接代都具有重要的意义。

师：色盲、血友病、白化病、先天性耳聋都属于遗传病。通常情况下，遗传病都是非常难以治愈的，它不像伤风感冒或其他小病吃点药就会好了，这是为什么？

（学生若有所思。）

师：（启发）染色体中可能含有某种遗传物质，它在指导人体发育时，如果指导错了，我们的身体就会出现非常严重的偏差，是不是这样呢？

教师出示染色体结构图，明确染色体是由DNA和蛋白质组成的。

师：那么，DNA和蛋白质到底哪一个才是储存遗传信息的物质呢？

（学生可能会说是DNA。）

教师启发学生：为什么蛋白质不是遗传物质呢？

（学生答，略。）

师：大家要知道，作为遗传物质，它的结构必须是稳定的，而且必须能够进行自我复制。而蛋白质的结构并不稳定，比如，鸡蛋含有丰富的蛋白质，但加热后，其结构就会变化，牛羊肉也含有丰富的蛋白质，在煮熟了之后和生的也不一样，而且，蛋白质也不能进行自我复制，所以蛋白质不是遗传物质。

教师可再形象地举例：夏天你是单眼皮，冬天就变成了双眼皮；夏天你是A型血，冬天就变成了B型血，这可能吗？所以，遗传物质的结构必须是稳定的，而且不容易受到外界坏境的干扰，自我复制则是为了遗传给下一代。

师：那么DNA是遗传物质吗？

3. DNA——基因——遗传信息

师：DNA才是遗传物质。

（教师简单介绍什么是载体。）

师：那么，生物遗传信息的载体是什么呢？

师：1953年，美国的沃森和英国的克里克提出了DNA的双螺旋结构。

（播放视频《DNA双螺旋结构的发现过程》。）

师：DNA分子很长，它由许多个片段组成，每一个片段都包含特定的遗传信息。这些片段中的某些片段决定了你是单眼皮还是双眼皮，也决定了你是黑种人还是白种人，有的片段决定你的身高，有的片段决定你的血型，有的片段决定你是直发还是卷发，甚至还有些片段决定了你的性格，我们把这些片段叫作基因。

师：那么，什么是基因呢？基因即DNA分子上具有特定遗传功能或信

息的片段，每种基因都能表达一定的遗传信息。（要求学生把这段话抄在教材上）

师：由于每个人的基因所包含的遗传信息不同，才形成了相貌各不相同的各种各样的人。（指着某几个同学）你和你的遗传信息不同，他和他的遗传信息也不同，为什么？

师：有可能是组成遗传信息的物质不同，是这样的吗？

（播放视频《DNA双螺旋结构模型》。）

探究活动：模拟探究遗传信息的多样性。

DNA分子的四种化学成分——A、T、G、C能不能组成多种多样的遗传信息呢？你能用什么好的方法来证明自己的观点？

方案：取四种不同颜色（分别代表A、T、G、C）的纸片各3张，共计12张。在这12张纸片中任意取出6张，按拿出的顺序排成一串，用双面胶粘在黑板上。教师课前准备了三个礼品袋，每次选两名同学上台，一名同学随机从礼品袋（礼品袋不透明，学生无法看到里面）里依次取出一张纸片，代表DNA分子的一种化学成分，另一名同学把取出的纸片粘在黑板上，共取出六张纸片，形成一个模拟DNA分子片段。三组同学把三个模拟DNA分子片段展示在黑板上。

师：纸片颜色和数量的不同代表了DNA分子的四种化学成分的种类、数量的不同，从而代表了不同的遗传信息，而我们随机组成的三个模拟不同的DNA分子的片段，就代表了这四种化学成分可以组成不同的遗传信息。

师：DNA分子上具有特定遗传功能的片段叫作基因，每个基因都能表达一定的遗传信息。对整个生物界来说，基因的差异形成了各种不同的生物种类，从而构成了地球上生机勃勃、绚烂多姿的生物世界。

4. 细胞核、染色体、DNA、基因与遗传信息的关系

师：今天这节课我们学习了很多的名词，那么，你能用自己的语言描述一下细胞、细胞核、染色体、DNA、基因与遗传信息的关系吗？

（学生讨论，几名学生起立回答。）

教师出示细胞、细胞核、染色体、DNA、基因与遗传信息之间的关系图。

师：细胞中有细胞核，细胞核中有染色体，染色体中有DNA，DNA分子上具有特定遗传功能的片段叫基因，每个基因都能表达一定的遗传信息。

（学生齐读，牢记。）

三、复习旧知，总结全篇

师：上节课我们了解了细胞的生存需要什么？

生：物质和能量。

师：今天这节课，我们又学习了细胞的生存还需要什么？

生：信息。

师生共答：细胞是物质、能量和信息的统一体。

师：在细胞中，物质和能量的变化是由细胞核内的遗传信息控制的，而生物体建造自己生命大厦的蓝图也储存在细胞核内的遗传信息库中。

四、拓展延伸

师：人体细胞内有数以万计的基因，如果人类了解了所有基因的结构和功能，就可以依据基因的状况来诊断和治疗多种疾病，那么，你愿意建立自己的基因档案吗？

（估计部分学生可能会愿意，部分会不愿意。）

师：维纳斯是因为有了断臂才格外美丽，其实，我们每个人身上都或多少地存在一些缺憾，这是我们不想让别人知道的。世界上几乎不存在十全十美的人，正如哲学家所言“存在即合理”。就让我们尊重、善待每一个人！同时，作为目前地球上最具智慧的物种，我们也应该尊重和善待地球上的其他生命！

教学反思

1. 在教学实践中，按教材的顺序学习本课时，学生常常对这些名词感到模棱两可，无法形成清晰的概念。因此，本节课大胆创新，一改教材的顺序，以科学的发现史为序，抽丝剥茧，依次学习细胞核、染色体、DNA、基因、遗传信息的知识，条理清晰，学生非常容易理解。

2. 本节课充分体现了互联网搜索的优势。课前我利用互联网搜索了大量与本课相关的知识，为设计教案提供了丰富的素材。同时，由于本节课理论性太强，利用互联网搜索到的图片、视频、课件使本课的知识更加形象、直观，很好地突破了本节课的难点，学生更易于接受。

3. 本节课的亮点。

（1）开篇以“帅哥”“美女”的话题引出课题，引起了学生的注意，使他们兴趣高涨，极大地提高了学习积极性。

（2）在用四种不同颜色的纸片代表DNA分子的四种化学成分的模拟活动中，学生通过自己的亲身参与、感悟及黑板上清晰明了的图示，再次巩固了DNA、基因和遗传信息的相互之间的概念及关系，并充分体会到了遗传信息的多样性。

（3）结尾以自由、开放、包容的态度，培养了学生的生物科学素养，让学生感悟生命的博大与宽容，理解生命的意义。

4. 本节课营造了一种快乐、有趣、严谨、包容的课堂氛围。

5. 教学过程中的很多环节涉及现代生物技术的新领域，学生在日常生活中也听说过。对于有些与本节相关且书上没有、需要延伸的知识，我应该补充多少，补充到什么程度，是需要我继续思考的问题。

（所获奖项：三等奖）

专家点评

该教案思路清晰、结构完整，整个教案按照情境引入、教学目标分析、学生知识水平分析、教学过程、教学评价以及教学反思的结构展开。教学方法多样而新颖，教师采用了启发引导式教学，有助于学生思维的发散。教学重、难点突出，将教学内容和实际生活紧密结合，能够提高学生的学习兴趣，引发学生更为积极的思考。同时，教师引入了实验操作的环节，可以让学生直观地观察到实验现象，也更容易激发学生的探究乐趣。教学内容设计由现象到本质，层层深入，易于学生理解。教学内容也涉及许多现代生物技术的新领域，能够让学生的视野更开阔，学到更多的知识。在使用互联网资源方面，教师利用互联网图片和视频辅助教学，在课前准备时使用互联网搜索教学设计和多媒体课件，有效地提高了自己的教学设计和课件的质量。

但是，本教案仍然存在需要改进的地方。第一，互联网上还有更为丰富的教学资源，例如专业的学习网站，学习软件或手机客户端等，教师可以寻找更多的教学资源并推荐给学生，促进学生课外学习形式的多样化。第二，对于教学效果的评价，也可以更多样化，例如，可以设置学生的自我评价，小组组员间的互相评价等，让学生更全面地了解自己的收获与不足，同时也为教师改进教学设计提供帮助。

（点评人：北京师范大学教育学部　闻娟）

人体内的运输线

——“血液和血型”教案及评析

邹 君[①]

教学背景

教学课时：1 课时

教学准备：

1. 学生：预习课文，了解血液和血型；收集自己或亲人的血常规化验单。

2. 教师：准备新鲜的鸡血做“血红蛋白特性的观察”演示实验；准备观察实验所需的人血永久涂片；准备《血液的组成》视频及其他教学视频。

教学目标

1. 说出血液的组成和功能。
2. 认识血常规检查对诊断疾病的意义。
3. 运用所学知识尝试解读血常规化验数据，培养理论联系实际的能力。
4. 通过解读血常规化验数据诊断疾病，关注人体的健康。

教材分析

教材重点讲述了血液的组成和功能、三种血细胞的特点及功能、ABO 血型的类型及鉴定等内容。学生对此既熟悉又陌生，虽然在生活中有流血、验血的经历，但他们对血液含有哪些成分，以及各成分都有什么作用还知之

① 邹君，辽宁省本溪市第五中学。

甚少，本节课重点学习这些学生感兴趣的内容。

教学重难点

1. 了解血液的组成和功能。
2. 认识血常规检查对诊断疾病的意义。

教学方法

观察法、讨论法、课前调查法、课堂报告交流法、探究法、实验法、归纳法。

教学过程

一、新课导入

师：现代社会的发展离不开四通八达的公路网，知识经济时代更离不开信息高速公路。大家可曾想过，在你的身体里也有一条条繁忙的运输线，它们负责为组织细胞运送氧气和养分，并运走二氧化碳等废物。你知道这条运输线是什么，里面又流动着哪些物质吗？

（大部分同学能回答出是血管，而且有血液在血管里流动。）

师：血液是一种流动的结缔组织，是人体的重要组成物质。它在人体内不停地流动，并把氧气和养分送到全身各处，再把细胞产生的二氧化碳等废物运走。

师：关于血液你都了解些什么？大家想知道血液到底含有哪些成分吗？

二、讲授新课

1. 血液的成分

师：我们知道，血液一旦流出血管外就会凝固起来，那么怎样观察血液的成分呢？请观看以下的动画片段，初步了解血液的组成成分。

（播放视频《血液的组成》。）

（学生展开联想，针对生活中熟悉的有关血液的知识进行交流，如验血、刷牙时出血、无偿献血等，激发学习热情。）

学生观看视频，并说明在血液中放入少量的柠檬酸钠溶液，可以防止血液凝固。

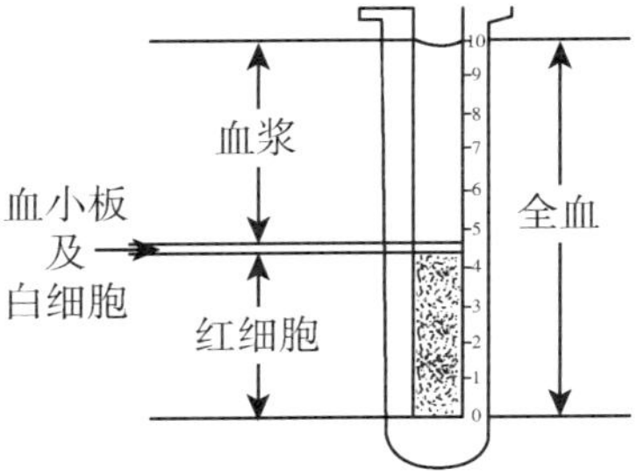

血液分层图

（播放视频《人的血液构成》。）

出示血液分层图片，让学生能准确说出血液的组成成分。

2. 血液中各成分的功能和作用

师：血液之所以能不断地流动，你认为这与血浆的成分有关吗？

（通过观看视频初步了解血液中各成分的作用。）

师：血浆约占血液总量的55%，血浆中90%以上是水，其余为蛋白质、葡萄糖、无机盐等。

师：请你试着推测血浆的功能。

（学生认为血浆主要具有运输功能。）

小结：血浆具有运载血细胞，运输氧气和养料的作用。

3. 各种血细胞及其特征

教师出示显微镜下观察到的血细胞图片，指导学生认识各种血细胞。学生对红细胞、白细胞和血小板的形态进行辨认。

教师出示思考题。

(1) 哪种血细胞的数量最多？

(2) 各种血细胞分别具备哪些形态特征？

教师出示血细胞特征比较图表，要求学生读图并阅读教材相关内容。

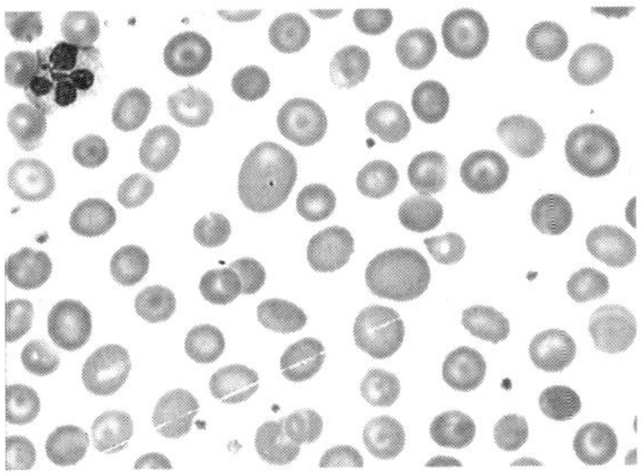

显微镜下的血细胞

学生边回答，教师边补充，同时，辅以图片和视频资料进行讲解。

(1) 红细胞的特征与功能。

① 成熟的红细胞无细胞核，呈圆饼状。

② 含血红蛋白，呈现红色，能运输氧气。

（播放视频《血液中的红细胞》。）

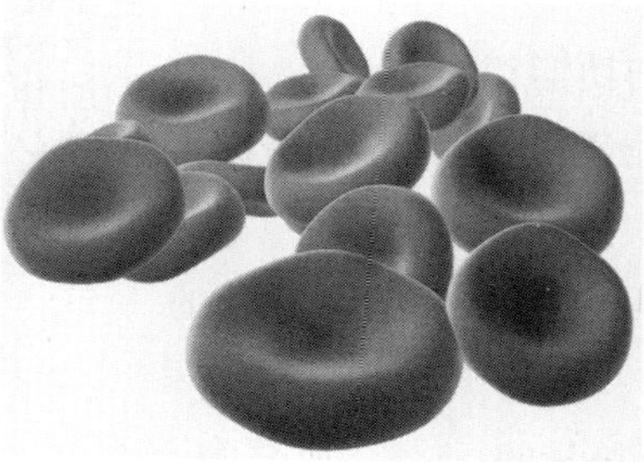

红细胞

③ 人体内红细胞或血红蛋白过少，则容易患贫血症。（教师介绍：贫血分为缺铁性贫血和营养性贫血两种。）

（2）白细胞的特征与功能。

① 体积比红细胞大。

② 有细胞核，种类繁多。

③ 有的能吞噬病菌。

（播放视频《白细胞吞噬细菌》。）

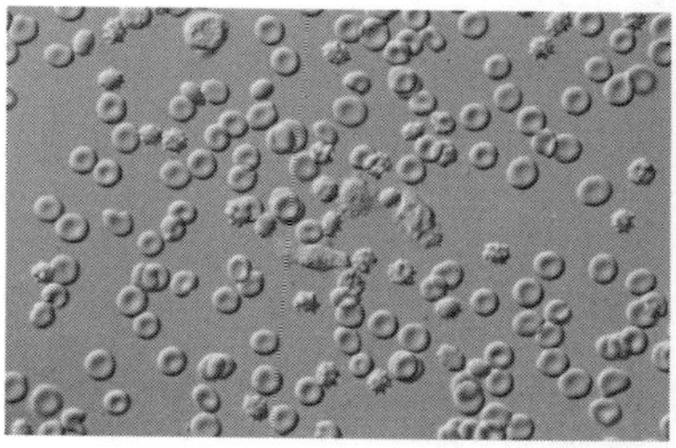

白细胞

（3）血小板的特征与功能。

① 体积最小，无细胞核。

② 可以止血并加速血液凝固。

（课件展示：血液凝固的原因。）

血小板

三、拓展延伸

师：你做过血常规化验吗？有没有注意过具体的检查项目都有哪些？为什么化验单上的数据能作为医生诊断疾病的辅助手段呢？原来，人体内血细胞的数量和血红蛋白的含量是相对稳定的，如果这些指标发生异常，人体就可能患病。

师：（引导学生解读化验单）那就让我们做一回小医生，尝试解读血常规化验数据吧。请同学们先阅读正常成年人血细胞的数量，然后填写教材上的血常规检查表，通常情况下，医生通过解读血常规化验数据，就可以初步确定患者的病情，现在请同学们试着分析 A、B 两位患者，猜测一下他们分别患了什么病，以及 C、D 两位患者的可能病症。

（1）初步诊断四位患者的血细胞含量是多于还是少于正常值。

（2）能说出 A 患者的红细胞数量少于正常值，是贫血；B 患者的白细胞数量多于正常值，可能是身体内有炎症。

（3）学生根据教师提供的血常规化验的正常值及其意义的资料进行思考。

师：红细胞增多，白细胞减少，血小板增多，血红蛋白增多等各种情况分别说明我们的身体处于怎样的状况呢？请同学们课后讨论，可以查阅相关资料。

教学反思

我从生活实际出发，设置情境，发现问题，引导学生提出假设，指导学生完成实验，在实验结果的基础上，采用了大量直观的手段，如演示实验、图片、视频等，为学生创设了一种生动、活泼的学习氛围，大大激发了学生学习生物学的兴趣。教学过程始终贯穿着引疑、质疑、探索、发现环节。在以后的教学设计中，我应该多注意课堂时间安排，使教学张弛有度，注意让学生深度参与学习过程，还应努力使本教学活动具有创造性和增值性。

（所获奖项：三等奖）

专家点评

该教案结构完整，条理清晰，包含对教学目标的阐述、教材的分析、重难点的说明、课前的准备、教学过程的描述以及课后对教学过程的反思等。教案中清晰地说明了教师活动和学生活动的具体内容，学生通过观看视频、图片增强了对知识的理解和学习。学生实验的加入对激发学生的学习兴趣有非常积极的作用，实验归纳法的使用也对学生探究问题和锻炼思考方式非常有利。学生和教师的准备都非常到位，包括教师的实验准备，收集教学课件和教学视频以及学生收集化验单都准备得非常充分。

但是，教案中也存在一些不足的地方。第一，教案编写不够具体和规范，一般教学目标应包含三个维度，即知识与技能、过程与方法、情感态度与价值观；此外，学生课前准备的形式过于单一，希望可以有更丰富的课前准备，可以让学生尝试使用互联网，搜索和本节课相关且有意义的知识。第二，互联网搜索对教学组织的辅助作用不大，教案没有体现出使用了丰富的教学资源组织教学，教学资源不仅仅局限于图片、视频和课件，同时也包括许多有意思的生物知识，课上教师或学生可以进行知识分享，同样可以引起学生的学习兴趣。第三，希望可以运用更多样化的教学评价方式，比如，学生自评、小组成员间的互评以及最后教师通过提问或小测试来评价学生的学习成果等，不仅可以帮助学生反思学习过程中的收获与不足，也可以帮助教师对教学过程进行优化。

（点评人：北京师范大学教育学部　闻娟）

认识真菌，从蘑菇开始

——“真菌”教案及评析

王瑞贞①

教学背景

教学课时：1 课时

教学准备：

1. 学生：提前培养蘑菇和霉菌；准备各种颜色的纸片；查找一些有关真菌的资料。

2. 教师：利用互联网搜索相关教学视频和资料；制作多媒体课件。

教学目标

1. 认识日常生活中常见的真菌；认识真菌的主要特征；描述真菌的生殖方式。

2. 通过观察青霉、曲霉及新鲜蘑菇的形态，提高观察能力；通过模拟实验，提高合作探究能力。

3. 正确认识作为分解者的真菌，理解真菌在人们日常生活中的作用。通过学习，认识到知识来源于生活又服务于生活，激发热爱生活、热爱家乡的情感；树立生态学的观点，认识保护环境的重要性。

教材分析

本节教材的编写体现了从生物圈的角度来认识真菌的思路，讲述了真菌

① 王瑞贞，山东省潍坊市朱刘中学。

与自然界的关系，教材内容包括什么是真菌、真菌的形态、真菌在人们日常生活中的作用等内容，与现实生活联系较紧密，因此教学时很容易找到突破口。

教学重难点

1. 认识真菌的形态结构、营养方式和生殖方式。
2. 识别青霉和曲霉。

教学方法

观察法、实验法、合作交流法、资源共享法。

教学过程

一、情境导入

（出示《和谐的大自然》图画，略。）

师：首先请同学们一起来欣赏这幅图。在和谐、优美的大自然中，有各种类型的生物分别做着自己的贡献，它们相互依赖、相互制约，共同维系着大自然的平衡，它们分别是生产者、消费者，还有一类是什么呢？

生：还有一类是分解者——细菌和真菌。

师：前面我们刚刚学习了细菌，今天我们一起来研究一下真菌。

二、讲授新课

师：对于真菌，你们想了解哪方面的内容？

（学生提出感兴趣的问题。）

师：（简单总结）大家的问题分为几大类型。我们班有部分同学亲手培养了一些真菌，还收集了一些资料，今天我们一起来进行资源共享。

（学生展示自己培养的蘑菇和霉菌。）

师：蘑菇用肉眼就可以看得很清楚，属于一类大型真菌，而桌面上的霉菌就不同了，它们的体积比较小，属于一类较微小的真菌。生活中常见的真菌还有很多，你认识它们吗？它们与人类的关系如何？

1. 各种各样的真菌

学生展示各种各样的真菌图片，然后观察、认识、讨论交流。

2. 真菌的结构

（1）观察青霉，组织学生利用显微镜仔细观察培养皿中的青霉，并注意其形态与颜色。（自学教材中青霉的结构图）学生总结青霉结构。

（2）观察蘑菇（操作过程同上，略）

师：很多蘑菇的营养价值都很高，我们可以食用的有哪些？有的药用价值很高，比如有哪些？是否所有的真菌都是有益的？由此，你还能联想到生活中还有哪些真菌？

教师根据学生的回答通过链接展示相关图片，拓展相关知识。

三、课堂小结

1. 请收集资料较全面的学生上台展示一些野生蘑菇的图片，与其他同学共享资料，分析蘑菇的生长环境。

2. 学生回忆本节教材内容，从整体上感知和把握所学知识。

3. 学生口头表述自己的收获。

师：同学们，如果有什么不懂的地方可以通过互联网搜索相关内容参考复习。

四、课堂练习

1. 日常生活中，发面蒸馒头时利用的有益菌是（　　）。

A. 乳酸菌　　B. 酵母菌　　C. 曲霉菌　　D. 青霉菌

2. 下列说法正确的是（　　）。

A. 真菌和藻类的营养方式是一样的

B. 细菌和酵母菌都是单细胞的真菌

C. 酵母菌和细菌的细胞内均没有成形的细胞核

D. 霉菌和蘑菇是由很多个细胞连接起来的菌丝构成的

3. 夏季时，馒头放久了会长出“白毛”或“黑毛”，这些霉菌是（　　）。

A. 空气中飘来的孢子发育成的

B. 空气中飘来的菌丝发育成的

C. 面粉中携带的孢子发育成的

D. 面粉中携带的菌丝发育成的

4. 足癣是一种常见的疾病，它是由下列哪一项引起的（　　）。

A. 细菌　　B. 真菌

C. 病毒　　D. 大肠杆菌

5. 下列哪一项不是由真菌引起的植物疾病（　　）。

A. 烟草花叶病　　B. 棉花枯萎病

C. 小麦叶锈病　　D. 玉米瘤黑粉病

6. 区分青霉和曲霉的可靠方法是观察其（　　）。

A. 营养方式　　B. 孢子的颜色

C. 菌丝的形态　　D. 孢子着生的结构

7. 与发面有关的一组微生物是（　　）。

A. 青霉和曲霉　　B. 乳酸菌和酵母菌

C. 醋酸杆菌和乳酸菌　　D. 螺旋菌和醋酸杆菌

8. 霉菌、蘑菇的形态各不相同，但它们都是由（　　）构成的。

A. 单细胞　　B. 菌丝　　C. 孢子　　D. 芽孢

9. 蘑菇不含叶绿体，它依靠（　　）吸收土壤中的水分和有机物进行腐生生活。

A. 菌盖　　B. 菌柄　　C. 孢子　　D. 地下部分菌丝

10. 酵母菌与细菌相同的是（　　）。

A. 单细胞　　B. 细胞核　　C. 液泡　　D. 生殖方式

教学反思

该节课通过探究性实验激发学生的学习兴趣和好奇心，同时充分利用互联网的优势引导学生主动地获取科学知识，初步了解科学研究的方法，在科学探究的过程中培养学生的观察力、学习能力和思维能力。

（所获奖项：三等奖）

专家点评

本教案教学过程完整，思路清晰，对教学目标的描述准确全面；对教材的分析合乎教学要求。学生课前准备充分，包括和课程相关的实验工具的准备和学习资料的准备，教学过程主要包括情境导入、讲授新课、课堂总结和课堂练习等，基本符合教学活动设计的要求；教学反思部分也基本总结出了本节课的特点。

该教案的亮点有以下几点：一是，提前让部分同学培养蘑菇和霉菌，让学生可以在课上直接观察其形态和特点，与书本上的知识相结合，成功引发了学生的学习积极性和学习兴趣，并能够巩固所学知识；二是，教学中加入了学生讨论和交流环节，一方面可以培养学生之间的分享精神，另一方面也能够加深学生对知识的理解；三是，教师积极使用网络上的资源组织教学，并鼓励学生利用互联网搜索更多的学习资源，充分发挥了互联网辅助教学的功能；四是，课堂测试不仅能帮助学生巩固知识，认识到自己的不足，也能为教案的改进提供依据。

但是，教案中也存在一些问题。一是，虽然在教学中使用了互联网，但是形式过于单一，没有充分发挥网络的优势，有些教育网站上的知识非常有意思，会和新闻热点相结合，学生学习起来也不会感到太枯燥，这些资源教师没有利用起来；二是，课堂实验中可以加入更多探究的成分，让学生主动发现问题并寻找问题的答案，探究学习的目的不仅在于掌握知识，更应注重探究的过程与方法。

（点评人：北京师范大学教育学部　闻娟）

植物的果实如何形成

——“植物的生殖和发育”教案及评析

颜鹏云[①]

教学背景

教学课时：1课时

教学准备：

1. 学生：预习课文；回顾桃花的结构图。

2. 教师：利用互联网收集相关的图片、视频；制作多媒体课件。

教学目标

1. 描述绿色开花植物的受精过程；描述绿色开花植物果实的形成过程。

2. 通过对植物生殖的图示、课件的观察，尝试将图示转换为文字表达；通过小组活动培养协作精神。

3. 通过观察、讨论等活动，体验植物新生命的诞生过程；通过对绿色开花植物生殖过程的了解，认识花卉在这个过程中的重要性，培养爱护植物、爱护花卉的良好习惯。

教材分析

植物的种类有很多，在自然界中比较常见的是绿色开花植物。绿色开花植物的生殖过程包括开花、传粉、受精和形成果实和种子，学生对此已有了足够的了解，本课主要是让学生观察被子植物的受精过程，体验植物生命的

① 颜鹏云，江苏省连云港市东海县白塔初级中学。

发展过程。绿色开花植物的受精过程是本节课的教学重点，也是教学难点。

教学重难点

1. 观察植物的受精过程并描述果实的形成过程。

2. 概述植物的受精过程。

教学方法

活动探究法、小组讨论法、启发式教学法。

教学过程

一、创设情境，导入新课

（教师播放课件“各种各样的植物花卉”。）

师：当一株绿色开花植物生长到一定的时候就会开花，并通过传粉、受精，结出果实和种子。这就是绿色开花植物的有性生殖过程。

（播放视频《植物园的花卉》。）

二、温习旧知，以旧启新

（一）复习旧知

1. 课件展示桃花结构的解剖示意图，组织学生复习初一时学过的花的结构。

提问：

（1）花的主要结构是什么？

（2）雌蕊、雄蕊包括哪些主要结构？

（3）雌蕊的重要部分是什么？

2. 课件展示子房解剖示意图，引导学生阅读教材，了解子房的结构，和学生一起从外到内对子房的各部分结构进行归纳。

（出示桃花结构的解剖示意图和子房结构的解剖示意图。）

（二）开花

1. 播放视频《植物开花的过程》，激发学生的学习兴趣。

2. 引导学生认真观察并描述“什么叫开花”，使学生明确植物开花是其进行有性生殖的一个重要阶段。

3. 教师设疑：开花以后将进入哪一个阶段呢？

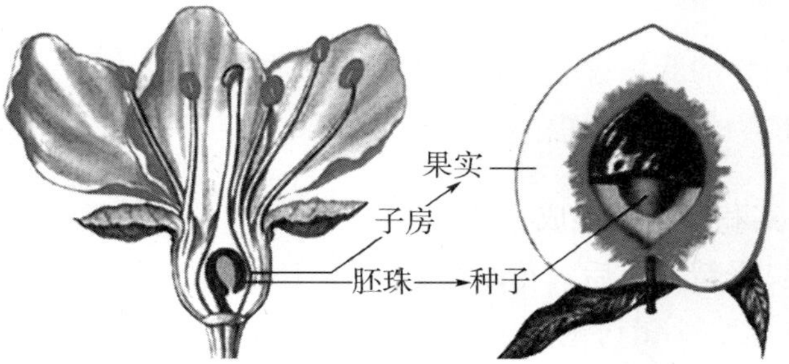

桃花结构的解剖图

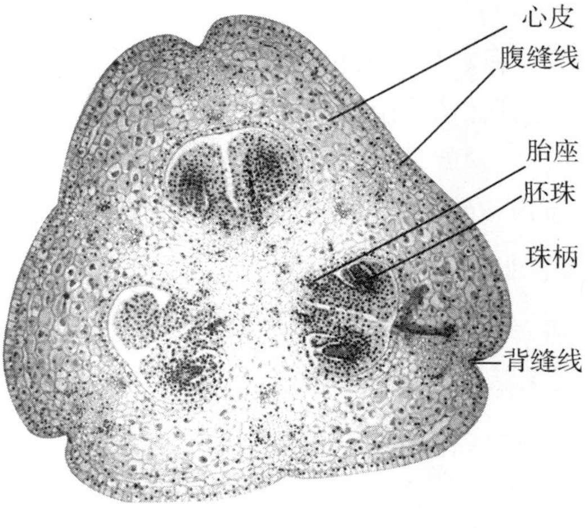

子房结构的解剖图

（三）传粉

1. 组织学生回忆植物的传粉类型以及异花传粉的媒介。

2. 播放视频《自花传粉》和《异花传粉》。

（四）受精

1. 播放视频《植物的受精过程》，组织学生观看视频并要求学生对该过程进行描述。

【设计意图】目的在于开发学生的智力，提高学生分析问题的能力。

2. 引导学生归纳双受精过程

花粉——→柱头——→形成花粉管——→胚珠

精子+卵细胞→受精卵

精子+极核→受精极核

3. 教师设疑：大家对于双受精的过程还有什么疑问吗？（小组活动，提出各种问题）

（五）果实和种子的形成

1. 提问：受精完成后，花的哪部分结构完成了“历史使命”后就开始纷纷凋落了？

学生交流讨论：花瓣、雄蕊以及柱头和花柱完成了“历史使命”后，就纷纷凋落，只有子房继续发育，最终成为果实。

2. 组内活动：小组讨论，说出子房各结构与果实和种子的形成的关系。（教师指导学生活动。）

3. 播放课件《桃果实》，将果实的结构与子房的结构一一进行对照并讲解。

三、拓展延伸

1. 猜谜语：麻屋子，红帐子，里头住着白胖子。（学生很快会猜出谜底是花生）

思考：麻屋子、红帐子和白胖子分别表示花生果实的哪部分结构？又分别是由花的哪一部分结构发育而成的？

（出示花生的图片。）

花生

师：你能解释为什么花生果实内的种子有多有少吗？

2. 采收玉米时，常会看到玉米穗秃顶的现象，这又是什么原因？

（出示图片《秃顶的玉米穗》。）

秃顶的玉米穗

教学反思

这节课的教学给我的感触很深，首先，要上好一节课需要教师在上课前做好充足的准备，多选择好的教学方法应用到教学中去，在教学过程中遇到问题要及时解决，这样上完一两节课后，教学思路会更加清晰。其次，在生物课的教学中，我们要尽可能应用直观教具，能用实物最好用实物，这样可以把新知识与生活实际结合起来，让教学更直观，更能引起学生的学习兴趣。我在这节课讲传粉不足引起的后果时特意拿了一个缺粒的玉米穗，学生一看都笑了，我知道，笑了就是明白了。

每上一节课都会有新的发现，新的问题，教学需要我们不断地改进和完善。我们虽不能做到尽善尽美，但只要持之以恒，就能在教学领域开辟出广阔的天地，同时也能享受教学带给我们的快乐！

（所获奖项：三等奖）

专家点评

本教案结构完整，思路清晰，教学目标明确，重难点突出，教学方法多种多样，主要运用了活动探究法、小组讨论法和启发式教学法，这些教学方法都可以有效地提升教学效果，提升学生的综合素质。教学过程主要包含情境引入、旧课的复习、新课内容的讲解以及课外知识的延伸和拓展。其中，新课讲解的形式主要有图片教学和视频的呈现、学生的互动交流以及课件的展示。图文结合的教学方式更为生动形象，吸引了学生的学习兴趣，激发了其学习积极性。教学过程中，教师不断地提出问题，引导学生思考和解决问题，让学生时刻参与到教学活动中。

但是，本教案也有一些需要改进的地方。一是学生和教师的课前准备可以更有针对性，给学生布置的任务也可以更明确；二是教师对互联网搜索的使用还存在一定的局限，网络资源主要有常见的视频和图片，除此之外，还包括教育类网站或者手机客户端，上面有更多有趣的知识，教师或学生可以通过这两种途径拓展自己的视野，学生学习起来就不会感到太枯燥；三是可以增加教学评价，如学生的自我评价、学生之间的相互评价，不仅能帮助学生发现自己的不足，还能够帮助教师进一步改进和完善自己的教学设计。

（点评人：北京师范大学教育学部　闻娟）

西南师范大学出版社
《青蓝工程》系列丛书目录

系列		序号	书　　名	主编	定价
学科教案评析系列	小学系列	1	《全国优秀学科教案评析·小学品德与生活（社会）》	教育部教育管理信息中心	32.00
		2	《全国优秀学科教案评析·小学信息技术》	教育部教育管理信息中心	32.00
		3	《全国优秀学科教案评析·小学英语》	教育部教育管理信息中心	32.00
		4	《全国优秀学科教案评析·小学数学》	教育部教育管理信息中心	35.00
		5	《全国优秀学科教案评析·小学科学》	教育部教育管理信息中心	35.00
		6	《全国优秀学科教案评析·小学音乐》	教育部教育管理信息中心	
		7	《全国优秀学科教案评析·小学语文》	教育部教育管理信息中心	
		8	《全国优秀学科教案评析·小学美术》	教育部教育管理信息中心	
		9	《全国优秀学科教案评析·小学体育》	教育部教育管理信息中心	
		10	《全国优秀学科教案评析·小学综合实践活动》	教育部教育管理信息中心	
	初中系列	11	《全国优秀学科教案评析·初中化学》	教育部教育管理信息中心	29.00
		12	《全国优秀学科教案评析·初中物理》	教育部教育管理信息中心	30.00
		13	《全国优秀学科教案评析·初中思想品德》	教育部教育管理信息中心	30.00
		14	《全国优秀学科教案评析·初中历史》	教育部教育管理信息中心	
		15	《全国优秀学科教案评析·初中生物》	教育部教育管理信息中心	30.00
		16	《全国优秀学科教案评析·初中信息技术》	教育部教育管理信息中心	
		17	《全国优秀学科教案评析·初中数学》	教育部教育管理信息中心	
		18	《全国优秀学科教案评析·初中地理》	教育部教育管理信息中心	
		19	《全国优秀学科教案评析·初中英语》	教育部教育管理信息中心	30.00
		20	《全国优秀学科教案评析·初中语文》	教育部教育管理信息中心	
		21	《全国优秀学科教案评析·中学体育（初高中合并）》	教育部教育管理信息中心	
		22	《全国优秀学科教案评析·中学美术（初高中合并）》	教育部教育管理信息中心	
		23	《全国优秀学科教案评析·中学音乐（初高中合并）》	教育部教育管理信息中心	
	高中系列	24	《全国优秀学科教案评析·高中思想政治》	教育部教育管理信息中心	
		25	《全国优秀学科教案评析·高中信息技术》	教育部教育管理信息中心	
		26	《全国优秀学科教案评析·高中英语》	教育部教育管理信息中心	

系列		序号	书　　名	主编	定价
学科教案评析系列	高中系列	27	《全国优秀学科教案评析·高中语文》	教育部教育管理信息中心	
		28	《全国优秀学科教案评析·高中历史》	教育部教育管理信息中心	
		29	《全国优秀学科教案评析·高中地理》	教育部教育管理信息中心	
		30	《全国优秀学科教案评析·高中化学》	教育部教育管理信息中心	
		31	《全国优秀学科教案评析·高中生物》	教育部教育管理信息中心	
		32	《全国优秀学科教案评析·高中数学》	教育部教育管理信息中心	
		33	《全国优秀学科教案评析·高中通用技术》	教育部教育管理信息中心	
		34	《全国优秀学科教案评析·高中物理》	教育部教育管理信息中心	
名师新课标落实艺术系列		35	《名师新课标落实艺术：小学语文习作卷》	张文质　周萍	30.00
		36	《名师新课标落实艺术：小学语文阅读卷》	张文质　周萍	30.00
		37	《名师新课标落实艺术：小学语文口语交际与综合实践卷》	张文质　周萍	30.00
		38	《名师新课标落实艺术：小学数学数与代数卷》	黄爱华	30.00
		39	《名师新课标落实艺术：小学数学统计与概率卷》	黄爱华	30.00
		40	《名师新课标落实艺术：小学数学图形与几何卷》	黄爱华	30.00
		41	《名师新课标落实艺术：小学数学综合与实践卷》	黄爱华	30.00
教师专业能力必修系列	小学系列	42	《小学体育教师专业能力必修》	毛振明	28.00
		43	《小学数学教师专业能力必修》	杨玉东　巩子坤	30.00
		44	《小学美术教师专业能力必修》	李力加　章献明	32.00
		45	《小学语文教师专业能力必修》	付宜红	28.00
		46	《小学音乐教师专业能力必修》	金亚文	25.00
		47	《小学英语教师专业能力必修》	鲁子问　王彩琴	25.00
		48	《小学科学教师专业能力必修》	教育部基础教育教材发展中心	25.00
		49	《小学品德、生活与社会教师专业能力必修》	张茂聪　史德志　张新颜	25.00
	初中系列	50	《初中历史教师专业能力必修》	朱汉国	26.00
		51	《初中地理教师专业能力必修》	王民	28.00
		52	《初中数学教师专业能力必修》	杨玉东　黄伟胜	28.00
		53	《初中物理教师专业能力必修》	刘玉斌	25.00
		54	《初中语文教师专业能力必修》	郑桂华	27.00

系列		序号	书　　名	主编	定价
教师专业能力必修系列	初中系列	55	《初中生物教师专业能力必修》	汪忠	25.00
		56	《初中英语教师专业能力必修》	鲁子问　王彩琴	25.00
		57	《中学体育教师专业能力必修》	毛振明	27.00
		58	《初中化学教师专业能力必修》	刘克文	24.00
	高中系列	59	《高中英语教师专业能力必修》	鲁子问　王彩琴	27.00
		60	《高中历史教师专业能力必修》	朱汉国　陈辉	30.00
		61	《高中地理教师专业能力必修》	林培英	27.00
		62	《高中物理教师专业能力必修》	刘玉斌	27.00
		63	《高中数学教师专业能力必修》	杨玉东　王华	27.00
		64	《高中信息技术教师专业能力必修》	张义兵　李艺	27.00
		65	《高中生物教师专业能力必修》	汪忠	25.00
		66	《高中语文教师专业能力必修》	郑桂华	29.00
		67	《高中化学教师专业能力必修》	刘克文	32.00
		68	《高中通用技术教师专业能力必修》	顾建军	35.00